KB267053

우리나라 企業의 自己資本收益率

1980~1996을 중심으로

우리나라 企業의 自己資本收益率

1980~1996을 중심으로

尹 鍾仁 著

KSI 한국학술정보㈜

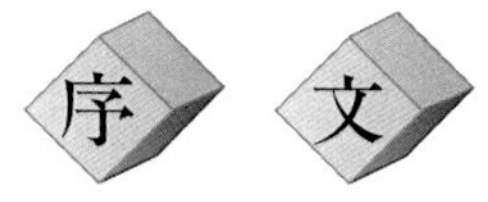

　박사학위논문을 준비하던 1997년 말 우리나라에서도 외환위기가 현실화되었다. 당시의 고통은 국민 모두에게 너무나 큰 것이었다. 어쨌든 외환위기는 극복되었고 현재와 미래가 너무나 긴박한 나머지 외환위기는 과거의 일이 되었다. 물론 과거에 매달리는 것은 분명히 잘못된 것이다. 하지만 1929년의 대공황이 미국인에게 여전히 중요한 문제인 것처럼 1997년의 외환위기도 우리에게 그만큼 중요한 문제이어야 한다.

　외환위기가 발생하였을 때 원인에 대한 진단은 대책의 수립만큼 비중 있게 논의되었다. 많은 연구가 수행되었고 이제는 외환위기의 원인에 관하여 많은 것이 알려져 있다. 물론 우리나라 기업들의 수익성 악화도 중요한 요인으로 다루어졌다. 외환위기의 원인이었다고 단정할 수는 없겠지만 기업의 수익성 악화는 외환위기의 발생 과정에서 나타난 엄연한 현상이다. 따라서 외환위기가 없었다고 하더라도 당시 기업의 수익성 악화는 중요하게 다루어야 한다.

　본서는 외환위기 직전까지 우리나라 상장기업의 자기자본수익률(ROE: Return On Equity)이 어떠한 수준이었는가를 추계한다. 그리고 자기자본수익률이 악화되었다면 그 원인이 무엇인가에 관하여 해답을 찾으려 한다.

재무제표에 근거하여 계산된 자기자본수익률은 외환위기 직전까지만 해도 그렇게 악화되지 않았다. 연이어 터진 대기업의 부도 사태에도 불구하고 기업의 수익성은 악화되지는 않았다는 뜻이다. 하지만 이것은 일종의 착시(錯視)현상이었다. 실제로는 그렇지 않았던 것이다. 재무제표에 근거하여 계산된 자기자본수익률과 비교할 때 본서가 추계한 조정된 자기자본수익률(adjusted ROE)은 90년 전후까지 상당히 높은 편이었으며 90년대 중반에는 대단히 낮은 편이었다. 90년경의 자기자본수익률이 높았던 만큼 90년대 중반의 수익성 악화는 급격한 것으로 받아들일 만하였다.

자기자본수익률의 착시현상에는 여러 원인이 있었다. 그중에도 가장 중요한 것은 인플레이션의 효과이다. 장부가치를 근거로 작성되는 재무제표에는 인플레이션의 효과가 충분히 반영되지 않는다. 하지만 본서에 언급되고 있는 바와 같이 인플레이션이 미치는 효과는 실로 크고 광범위하다. 따라서 이를 모두 고려한다면 조정된 자기자본수익률은 알려진 것과 큰 차이를 보인다. 이것이 착시현상의 가장 큰 원인이다. 인플레이션은 우리의 눈을 가리는 놀라운 속임수를 갖고 있건만 우리는 그 폐해를 올바르게 인식하지 못하고 있었던 것이다.

외환위기를 거치면서 우리나라의 경제에는 큰 변화가 있었다. 마치 "한국경제에는 두 시대가 있었다. 외환위기 이전의 시대와 이후의 시대가 그것이다"라고 말할 만하다. 기업재무의 관점에서 보면 상장기업의 부채비율은 놀랄 만큼 낮아졌으며 수익성도 획기적으로 개선되었다. 이제 외환위기 직전과 같은 문제는 다시 발생하지 않을 것만 같다. 하지만 드러나기 전까지는 있는지조차 모르는 문제도 있다. 이런 의미에서 착시현상은 무지라는 이름의 악(惡)이다. 혹시 현재에도 우리가 모르고 있는 문제는 없을까?

본서는 필자의 서울대학교 경제학부 박사학위논문에 기초한다. 논문의 지도를 맡아 주셨던 서울대학교의 이창용 교수님께 특별한 감사를 드린다. 과제를 제시해 주셨으며 이를 다루는 최선의 방법 또한 가르쳐 주셨다. 논문을 쓰는 과정에서 필자 스스로 깨닫게 된 것도 있었지만 이것조차도 사실은 가르침의 덕분이었다. 선생님의 아주 작은 것도 나에게는 큰 것이 되었다. 논문의 심사위원장을 맡아 주셨던 서울대학교의 김신행 교수님과 심사위원이셨던 서울대학교의 이근 교수님, 경희대학교의 이우헌 교수님, 한양대학교의 박대근 교수님께도 뒤늦은 감사의 말씀을 드린다. 우선 학문적인 가르침에 대해서 감사드린다. 하지만 그것으로는 부족하다. 베풀어 주신 은혜에 대해서는 감사드린다는 말씀조차 송구스러울 정도이다.

본서를 출판하는 필자의 심정은 부끄러움으로 가득하다. 여러 선생님들께 폐가 되지 않기를 바란다. 본서에 관하여 질책받을 것이 있다면 그것은 모두 필자의 책임이다. 끝으로 본서의 출판을 도와주신 한국학술정보(주)와 김은선 씨, 박주선 씨에게 감사드린다. 이 책이 그들에게도 보답이 되기를 바란다.

만 45세를 넘기면서

윤종인

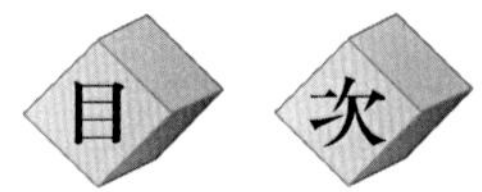

目　次

第3章 財務諸表 調整에 의한 自己資本收益率

第 1 章

自己資本收益率 퍼즐

몇 년 전만 하더라도 아시아 각국 경제의 부상이 經濟學의 주된 관심사 중의 하나였지만 최근 이 지역에서 발생한 外換危機는 문제의식의 반전을 이루기에 충분한 것이 되었다. 향후 이 문제는 경제학자들의 주요한 관심사 중의 하나로 많은 관심을 끌게 될 것이 분명하다. 비단 학문적인 관심이 아니더라도 현시점에서의 外換危機는 당면한 최대의 현안인 만큼 경제의 각 부문에서 긴급한 대책이 硏究될 것이다. 하지만 문제의 성격에 비추어 볼 때 광범위한 영역에서의 硏究가 필요할 것이며 이를 위한 基礎 硏究도 그 어느 때보다 중요한 의미를 가진다.

나라별로 차이가 있기는 하지만 우리나라의 경우에는 外換危機에 도달할 때까지 다음과 같은 과정이 진행되었다. 몇 년 전부터 大企業의 不渡事態가 계속되었으며 이로 인해 金融機關의 부실이 더욱 악화되었고 동남아시아 나라들의 外換危機가 발생하였을 때 원화 가치의 폭락도 피할 수 없는 것이 되었다. 따라서 이러한 과정을 되짚어 보면 外換危機를 논의할 때에도 우리나라 기업의 收益性이 문제시되어야 하는 것은 당연하다.

自己資本收益率이 外換危機와 관련하여 관심을 끌고 있는 것은 그것이 企業 經營活動의 收益性을 평가하기 위한 유효한 지표로 이용되기 때문이다. 결국 최근 몇 년간의 大企業 不渡事態와 그에 따른 金融機關의 부실 악화는 自己資本收益率의 하락을 의미한다. 企業經營活動의 收益性 악화를 설명하기 위한 노력도 自己資本收益率 하락의 원인을 설명하기 위한 것으로 귀결될 것이므로 이 분야에 대한 硏究의 중요성은 실로 크다.

우리나라 기업의 自己資本收益率은 市場利子率과 비교할 때 혹은 國際的 水準과 비교할 때 낮다고 알려져 왔다. 하지만 이러한 사실에 대해서는 두 가지 서로 다른 견해가 존재한다. 첫 번째 견해는 이러한 사실을 인정하지만 投資者들의 合理的인 投資 行爲에 비추어 볼 때 납득하기 힘든 현상이므로 이를 퍼즐로 간주하여 그 원인을 규명하려는 것이다. 두 번째 견해는 이러한 사실 인식이 帳簿價値에 의해 계산된 自己資本收益率을 근거로 하는 등 자료상의 문제를 가지고 있기 때문에 낮은 自己資本收益率 자체를 확인된 사실로 받아들이기는 곤란하다는 입장이다.

두 번째 견해에 따르자면 우리나라의 경우 공표된 自己資本收益率은 기업 활동의 收益性을 정확히 평가하기 위한 지표로서 적합하지 않다. 이러한 의문이 제기되는 것은 공표된 自己資本收益率이 財務諸表의 帳簿價値에 의해 계산된 것이기 때문이다. 우리나라와 같이 인플레이션이 높고 기업의 資産構成이 복잡하며 負債比率이 높은 경우에는 財務諸表의 帳簿價値가 市場價値와 큰 괴리를 보이게 마련이므로 帳簿價値에 의해 계산된 自己資本收益率이 收益性 評價를 위한 유효한 수단이 되기 힘들 것이다.

따라서 본 硏究는 두 번째 견해의 타당성을 檢證하고자 하며 만약 타당성이 입증된다면 보다 정확한 自己資本收益率의 지표를 구하고자 한다. 이를 위해서 80~96년 개별 기업의 財務諸表 자료를 이용하여 市場價値에 근거한 自己資本收益率의 測定値를 구한다. 이에 따라 우리나라 기업의 自己資本收益率의 推移와 水準을 평가할 수 있을 것이며 自己資本收益率 變動의 원인도 체계적으로 규명할 수 있을 것이다.

第1節에서는 문제제기를 뒷받침할 만한 알려진 사실들이 언급되고 硏究의 目的이 설명된다. 第2節에서는 본 硏究에서 이용되는 두 가지 方法이 간략하게 설명된다. 첫 번째 方法은 財務諸表에 보고된 收益의 帳簿價値를 調整하여 이로부터 調整된 自己資本收益率의 測定値를 구하는 것이다. 본 硏究가 취하는 財務諸表 調整의 技法은 기존의 技法을 여러 가지 점에서 수정한 것이므로 그러한 차이가 간략하게 언급되어야 할 것이다. 하지만 이 方法은 몇 가지 점에서 약점이 있는 것이 사실이다. 따라서 본 硏究는 또 다른 方法을 이용하여 우리나라 기업의 自己資本收益率을 測定하고자 한다. 두 번째 方法은 株式 投資收益率을 구하는 方法인데 이를 통해 自己資本收益率의 水準을 평가할 뿐만 아니라 첫 번째 方法에 의해 구한 自己資本收益率의 測定値와 비교함으로써 그 약점을 보완하고자 한다.

第1節　硏究의 目的

기업 경영 분석의 주요 지표로 이용되고 있는 自己資本收益率(ROE: Return on equity)은 주주들의 投資資金에 대한 收益性을 나타낸다. 즉 自己資本收益率은 當期純利益을 自己資本(資本剩餘金, 利益剩餘金을 포함)으로 나누어 계산된 값으로 정의된다.[1] 收

---

[1] 미국의 경우 普通株와 優先株의 配當率은 동일하게 결정되지만 우리나라의 경우 優先株의 配當率은 普通株의 配當率보다 더 높다. 우리나라의 優先株에는 두 가지 종류가 있는 셈인데 첫째는 普通株에 비해 1%

益의 帳簿價値를 自己資本의 帳簿價値로 나누어 준 값이기 때문에 自己資本收益率은 株式 投資收益率과 구분된다.

自己資本收益率과 관련하여 진행되어 온 여러 研究는 우리나라 기업의 自己資本收益率에 이상 현상이 존재하고 있음을 지적하고 있다. 첫째로 우리나라 기업의 自己資本收益率은 市場利子率 혹은 國際 水準에 비해 지나치게 낮다는 점이다. 이러한 지적은 주로 金融産業, 특히 銀行을 대상으로 한 研究에서 많이 제시되고 있다. 예를 들어 김태혁(1994)과 지동혁(1997)은 우리나라 銀行의 收益性을 평가하면서 自己資本收益率이 대단히 낮다는 점을 지적하고 그 원인으로 銀行의 포트폴리오 구성에 잘못이 있었다는 결과를 제시하고 있다.[2]

실제로 우리나라 銀行의 自己資本收益率은 [그림 1.1]에 나타나 있듯이 會社債 收益率의 $1/2 \sim 1/3$ 水準에 불과하다. 또한 국제 비교를 해 보더라도 우리나라 銀行의 自己資本收益率은 낮은 편이라는 사실이 확인되고 있다. 예를 들어 지동혁(1997)에 따르면 미국 銀行의 自己資本收益率은 87~95년 평균 10.28%인 데 반해 우리나라 銀行의 自己資本收益率은 같은 기간 동안 평균 5.86%에 불과하였다.

더 配當을 지급하는 것이고 둘째는 確定配當을 주는 것이다. 결국 우리나라에서의 優先株는 負債의 성격을 지니고 있기 때문에 自己資本收益率의 정의에서 제외하는 경우가 많다.

2) 이외에도 우리나라 銀行의 收益性에 관한 최근의 研究로는 김병연(1997), 김선희(1996), 유관희(1995), 정지만(1997) 등이 있지만 이들의 주요 관심사는 銀行의 자산운용 행위에 집중되어 있다. 즉 우리나라 銀行의 自己資本收益率이 낮은 것은 자산운용의 잘못 때문이라는 것이다.

[그림 1.1] 銀行의 自己資本收益率과 會社債 收益率

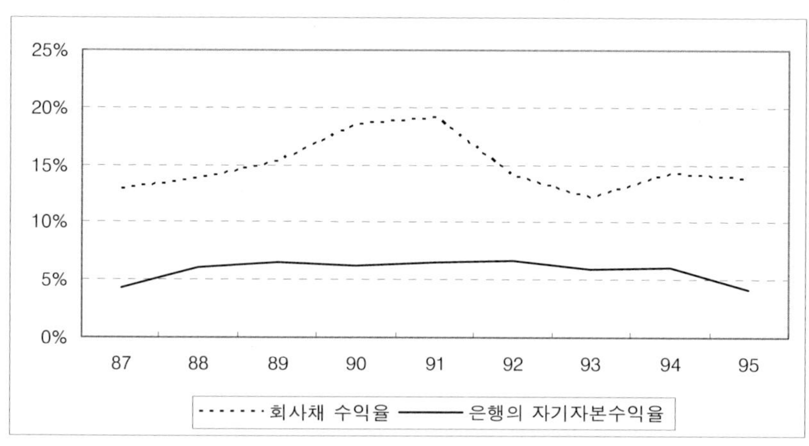

자료) 韓國銀行 銀行監督院, `銀行經營統計', 각호.

　　自己資本收益率과 비슷한 개념으로 利益株價比率(EPR: Earnings-price ratio)이 있다. 이는 株價收益比率(PER: Price-earning ratio)의 逆數인데 收益의 帳簿價値를 自己資本의 市場價値로 나누어 준 값이다.3) 自己資本收益率이 낮다고 알려진 바와는 달리 우리나라 기업의 利益株價比率은 높은 것으로 알려져 있다. 이는 주로 우리나라의 非金融法人을 대상으로 한 資本費用의 研究에서 제시되고 있다. 남주하, 조장옥(1996)은 195개의 非金融法人을 대상으로 한 研究에서 한국의 利益株價比率이 71~94년 기간 동안 평균 7.83%

---

3) 自己資本收益率과 利益株價比率이 일치하기 위해서는 自己資本의 帳簿價値와 市場價値가 서로 같아야 한다. 일반적으로 自己資本의 帳簿價値와 市場價値는 일치하지 않기 때문에 自己資本收益率과 利益株價比率은 서로 다른 값을 가지게 된다. 하지만 貸借對照表의 資本剩餘金과 利益剩餘金이 自己資本의 가치變動을 반영하고 있는 만큼 장기적으로 볼 때 自己資本의 帳簿價値와 市場價値의 추세는 크게 다르지 않다.

18

로 미국의 4.91%, 일본의 1.19%, 독일의 3.48%, 영국의 1.89%에
비해 월등히 높다는 결과를 제시하고 있다.[4]

[그림 1.2] 한국, 미국, 일본의 利益株價比率

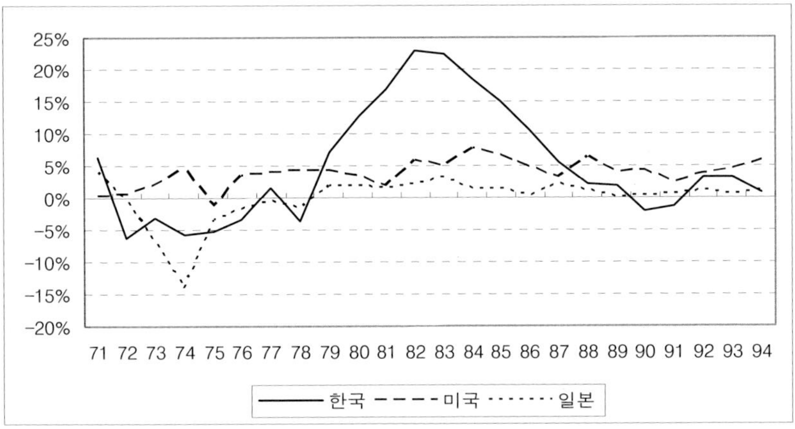

자료: 남주하, 조장옥(1996)에서 재인용.

　　이들의 결과를 시기별로 구분하여 볼 때 시기별 차이는 뚜렷하
다. [그림 1.2]를 보면 70년대에 한국과 일본은 모두 (-)의 利益
株價比率을 보이고 있으며 미국의 경우는 (+)의 값을 보이고 있
다. 79~87년 기간 동안 우리나라의 利益株價比率은 미국과 일본에

---

4) 이와 같은 硏究 結果는 이봉수, 정희택(1996)에 의해서도 제시되고 있
　　다. 이들은 75년 3/4분기에서 95년 3/4분기까지의 총자료를 이용하였
　　는데 79~87년의 기간 동안과 91~93년의 기간 동안 우리나라의 株式
　　은 저평가되었으며 89년에는 오히려 高評價되었다는 결과를 제시하였
　　다. 이러한 현상의 원인으로는 金融市場 外的인 要因, 특히 政治的인
　　要因이 지적되었다. 87년 이전에 株式이 低評價되었다는 결과는 같은
　　기간 동안 利益株價比率이 대단히 높았다는 남주하, 조장옥(1996)의
　　것과 일치한다.

비해 훨씬 더 높았지만 87년 이후 우리나라 利益株價比率은 오히려 미국보다 낮았다.

따라서 이들의 결과가 지동혁(1997)의 것과 배치되는 것은 아니다. 두 硏究는 對象 企業이 달랐을 뿐만 아니라 지동혁이 硏究 期間으로 삼았던 87년 이후에는 非金融法人의 利益株價比率도 미국의 것에 비해 훨씬 더 낮았기 때문이다.

위의 서로 다른 硏究 結果를 종합하면 다음과 같다. 첫째로 70년대 후반부터 87년 이전의 시기에는 非金融法人의 利益株價比率이 대단히 높은 水準을 유지하였다. 둘째로 87년 이후에는 미국과 비교해 볼 때 銀行의 自己資本收益率과 非金融法人의 利益株價比率이 모두 낮은 것으로 확인되었다.

自己資本收益率에 대한 旣存의 硏究를 신뢰할 수 없는 이유는 그것들이 帳簿價値에 근거한 것이었다는 점이다. 自己資本收益率과 利益株價比率의 정의에 따르면 收益은 損益計算書의 帳簿價値를 이용한다. 하지만 收益의 帳簿價値가 經濟的 收益을 의미하는 것은 아니다. 財務諸表란 몇 가지의 예외적인 경우를 제외하고는 原價에 기초해서 작성되는 것이 원칙이기 때문에 인플레이션하에서는 經濟的인 收益을 過大評價 혹은 過小評價할 수 있다.5)

따라서 財務諸表로부터 經濟的인 收益을 推定하기 위해서는 인

---

5) 여기에서 예외적인 경우란 우리나라에서만 존재하는 資産再評價 制度를 의미한다. 하지만 74년에 개정된 제도에 의하면 資産再評價는 都賣物價指數가 25% 이상 상승한 경우에만 허용되었고 그 적용범위도 固定資産에 국한된 것이었다. 資産再評價制度에 대해서는 현진권(1995)을 참조할 것.

플레이션에 대한 調整이 필요하다. 우리나라와 같이 인플레이션이 높은 나라에서 이러한 調整의 효과는 대단히 클 것이기 때문에 帳簿上의 收益은 가공의 수치에 불과한 것일 수도 있다.

또 하나 우리나라의 경우 帳簿上의 收益을 經濟的인 收益으로 간주하기 힘든 이유가 있다. 우리나라 기업의 경우 資産構成을 보면 營業活動과 관련된 固定資本에 비해 土地와 金融資産이 대단히 큰 비중을 차지하고 있다. 土地와 金融資産에 대해서 발생하는 資本利得 혹은 資本損失은 損益計算書에 반영되지 않기 때문에 帳簿上의 收益은 經濟的 收益과 큰 차이를 보이게 된다.

바꾸어 말하면 우리나라 企業收益의 帳簿價値는 왜곡되어 보고될 가능성이 높기 때문에 이러한 요소들을 적절하게 고려하지 않는다면 收益과 관련된 여러 지표들은 經濟的인 의미를 가지기 힘들게 될 것이다. 따라서 본 硏究는 이러한 여러 요소들을 고려하여 기업의 經濟的인 收益을 推定하고자 한다. 企業收益에 관한 정확한 推定値에 근거하여 自己資本收益率을 다시 구한다면 앞에서 제기된 문제들에 대해서 명확하게 답변할 수 있게 될 것이다.

自己資本收益率과 관련된 기존의 硏究는 전체 기업의 총자료를 이용한 것이 대부분이다. 총자료를 이용할 경우 개별 기업의 會計資料가 가지고 있는 많은 정보가 무시되기 때문에 정확한 自己資本收益率의 推定이 어려울 뿐만 아니라 橫斷面 資料에서 발견할 수 있는 중요한 요소들도 간과될 것이다. 본 硏究는 개별 기업의 자료를 이용함으로써 보다 정확한 自己資本收益率을 推定하고 産業別, 規模別 差異와 여러 요인들에 대한 분석을 시도하고자 한다.

물론 기존의 研究가 특정 산업만을 대상으로 이루어졌다는 것도
한계이다. 이미 언급한 바와 같이 87년 이후—특히 미국과 비교할
때—自己資本收益率이 낮았던 것은 銀行만이 아니라 非金融法人의
경우도 마찬가지였다. 따라서 自己資本收益率의 퍼즐은 산업 전체
의 문제이므로 본 研究는 대상 기업을 銀行과 非金融法人으로 확
대하여 産業別 差異까지 분석하고자 한다.

第2節 研究의 方法

自己資本收益率의 推定에는 두 가지 方法을 이용한다. 첫째는 財
務諸表를 이용하여 收益에 관한 각 項目의 調整을 거친 후 自己資
本收益率을 測定하는 方法이고 둘째는 株式 投資收益率을 이용하
여 自己資本收益率을 測定하는 方法이다. 財務諸表를 이용하는 方
法의 경우 自己資本收益率은 收益을 自己資本의 市價로 나누어 준
값으로 정의하고 두 가치 測定方法 모두 普通株와 優先株를 포함
하여 계산한다.

財務諸表 調整을 통해 企業收益을 再推定하는 技法은 資本費用
과 토빈q의 推定에서 널리 이용되었던 것이다.[6] 하지만 본 研究는
기존의 技法을 몇 가지 점에서 개선하여 이용하고자 한다.[7] 첫째로

---

6) 財務諸表 調整의 方法이 資本費用의 推定에 이용되었던 대표적인 研究
   로는 Ando and Auerbach(1988a, 1988b, 1990)를 들 수 있으며 토빈q
   의 계산에 필요한 작업내용을 정리한 것으로는 Summers(1982)를 들
   수 있다.

企業收益의 推定에 필요한 기초자료는 철저하게 개별 기업의 財務諸表로부터 구한다. 개별 기업의 자료를 이용하였던 기존의 硏究들조차도 부분적으로는 총자료(aggregate data)를 이용하는 경우가 많았다. 하지만 財務諸表에는 貸借對照表와 損益計算書뿐만 아니라 財務狀態變動表와 現金흐름表 등의 자료가 포함되어 있기 때문에 이들의 추가적인 자료를 이용하게 되면 총자료를 이용하는 경우보다 훨씬 더 정확한 기초자료를 구할 수 있다. 또한 財務諸表의 각 項目이 보다 상세하게 분류되어 있다면 이러한 정보를 이용하는 것은 보다 정확한 企業收益을 推定하는 데 큰 도움이 될 것이다.

둘째로 우리나라의 企業會計制度에만 존재하는 資産再評價制度를 고려하고자 한다. 資産再評價制度는 특정한 시기에 특정한 項目의 帳簿價値를 市場價値로 바꾸어 주는 제도이므로 財務諸表의 모든 項目을 原價로 간주하는 기존의 方法은 커다란 착오를 가져올 수 있다. 따라서 財務諸表 調整에 있어서 資産再評價는 반드시 고려되어야 한다. 資産再評價를 고려할 경우 기존의 方法은 여러 가지 측면에서 수정된다. 하지만 이것이 技法을 복잡하게 만드는 것만은 아니며 오히려 資産再評價를 고려하게 되면 보다 많은 정보를 이용할 수 있게 되므로 보다 정확한 企業收益을 推定하는 데 큰 도움이 될 것이다.

---

7) 우리나라에서 財務諸表 調整의 方法이 이용되었던 硏究는 전무하다. 예를 들어 資本費用을 推定하고자 했던 남주하, 조장옥(1996)이나 김성민(1991)의 硏究와 토빈q를 推定하였던 김경수 외(1997)도 財務諸表의 帳簿價値를 그대로 이용하였다. 財務諸表의 帳簿價値가 市場價値와 크게 괴리되었으리라는 점을 감안하면 이들의 결과를 신뢰하기는 힘들다.

財務諸表를 이용하는 경우 調整해야 할 項目으로는 가장 먼저 減價償却費와 在庫費用을 들 수 있다. 減價償却費 市價를 推定하기 위해서는 우선 固定資本의 年數構造(vintage structure)를 推定해야 하며 이를 기초로 하여 인플레이션을 調整하여 주면 減價償却費 市價를 推定할 수 있다. 본 研究가 이용하고 있는 자료는 韓國信用評價(이하 韓信評으로 약칭)의 Kis-Fas 데이터베이스인데 이 자료는 비교적 상세하게 財務諸表 자료를 제공하고 있기 때문에 固定資本의 細部 項目에 대해 서로 다른 減價償却率을 적용할 수 있었다. 따라서 보다 정확한 減價償却費의 推定이 가능할 뿐만 아니라 固定資本의 構成 變化를 파악할 수 있게 되고 그에 따른 효과도 분석할 수 있을 것이다.

우리나라 기업의 경우 거의 대부분 先入先出法(FIFO: First-in, First-out)에 의해 在庫資産을 관리하므로 損益計算書에 보고되는 賣出原價는 구입연도의 原價에 의해 계산된다. 하지만 인플레이션이 있는 경우 在庫의 가치는 상승하게 되므로 市場價値를 기준으로 하여 계산된 賣出原價는 損益計算書의 賣出原價보다 당연히 더 크다. 따라서 賣出原價에 반영되는 在庫費用은 인플레이션만큼 調整해 주어야 하는데 우리나라의 경우 인플레이션이 높은 편이었으므로 在庫費用 調整에 따른 효과는 클 것으로 보인다.

둘째로 調整하여 줄 項目은 長期負債에 대한 資本利得 혹은 資本損失이다. 實質利子率이 변화하게 되면 長期負債를 이용하는 주주에게는 資本利得 혹은 資本損失이 발생하게 되는데 이를 推定하여 기업의 收益에 반영해야 한다. 이를 위해서는 우선 負債의 滿期構造를 推定해야 하며 이를 기초로 하여 長期負債의 市價를 구함으로써 資本利得 혹은 資本損失을 推定한다. 우리나라 기업들의 경우 負債의 만기는 짧지만 負債比率은 높기 때문에 資本利得은 대단히 커다란 효과를 가질 것으로 보인다.

셋째로는 土地와 각종 金融資産에 대한 資本利得 혹은 資本損失이다. 우리나라 기업들의 경우 土地와 金融資産의 보유비율이 대단히 높기 때문에 이들 자산에 대한 資本利得이 고려되지 않는다면 企業收益의 정확한 지표가 될 수 없다. 土地의 경우 資産再評價가 시행된 적이 있기 때문에 이 정보를 이용하여 土地의 市價를 구하고 그에 따른 資本利得을 推定한다. 기업들이 보유하고 있는 金融資産으로는 預金과 債券, 株式 등이 있는데 각 項目에 대해서 별도로 市價를 推定하고 資本利得을 계산한다.

여기에서 주의해야 할 것은 土地와 金融負債, 金融資産에 대한 資本利得과 資本損失이 비록 未實現된(unrealized) 것이었다고 하더라도 收益으로 간주되고 있다는 점이다. 이는 貯量 變數(stock value)인 富(wealth)의 價値 變動을 經濟的인 收益으로 정의하는 Haig-Simon의 개념에 따른 것이므로 그 자체로는 잘 정의되어 있는 방식이다.[8] 다만 이들을 제외한 나머지 收益과 費用의 모든 項目이 流量 變數(flow variable)인 점을 감안할 때 본 연구를 測定하고자 하는 收益은 經濟的 意味를 가지는 한, 가장 포괄적으로 정의된 것이다.

이상의 작업을 통해 企業의 收益을 再推定하면 自己資本收益率의 測定値를 구할 수 있다. 自己資本收益率은 稅後 개념으로 정의

---

8) 所得(income)을 富의 價値 變動으로 정의해야 한다는 Haig-Simon의 개념에 대해서는 Shoven and Bulow(1975a)를 참조할 것.

할 것이므로 모든 項目은 法人稅率 등에 대해서 調整을 거쳐야 한다. 기업 전체의 推定值는 單純平均으로 구하고 이어서 産業別, 規模別 收益率을 推定하고자 한다.

財務諸表에 의한 접근이 가지는 장점은 經濟的 收益의 구성 부분을 비교할 수 있다는 점이다. 즉 위에서 언급된 調整 項目들에 대해서 각각 收益의 흐름이 推定될 것인데 이를 비교하면 어느 項目이 더 큰 역할을 하였는지가 평가될 수 있을 것이다. 또한 이들의 역할을 시기별로 비교함으로써 앞에서 언급한 바 있는 사실, 즉 왜 90년을 전후해서 自己資本收益率의 水準이 큰 변화를 보였는지를 설명하고자 한다. 비교 작업은 産業別, 規模別로 분류된 기업군에 대해서도 진행될 것인데 이를 통해서 서로 다른 기업군에서 어느 요인이 더 중요한 역할을 하였는지가 비교 평가될 것이다.

自己資本收益率을 推定하는 두 번째 方法은 株式 投資收益率을 직접 구하는 것이다. 株式市場이 效率的이라면 어떤 기업의 株式價格은 帳簿上의 收益만을 반영하는 것이 아니라 모든 요소들—財務諸表에 의한 方法이 다루었던 요소들을 포함하여—을 반영해야 한다. 따라서 이 경우에 經濟的 收益을 推定하기 위해서는 株式市場의 자료로부터 配當과 資本利得을 직접 구하는 것으로 충분하다.

株式 投資收益率의 의한 方法은 株式市場의 效率性을 가정하고 있을 뿐만 아니라 測定值의 變動性이 심하기 때문에 해석에 어려움이 있는 것이 사실이다. 반면에 財務諸表에 의한 方法은 株式市場의 效率性을 가정하고 있지 않다는 점에서는 유리하지만 財務諸表 資料의 信賴性이 결과를 좌우할 수 있다는 점, 推定過程에서 여

러 附加的인 假定이 이용되고 있다는 점에서 역시 문제가 제기될 수 있다.

본 硏究는 두 가지 方法을 모두 이용하여 自己資本收益率을 測定하고 그 결과를 비교하고자 한다. 이를 통해서 어느 方法이 더 유효한가를 평가할 수 있을 것이다. 게다가 株式 投資收益率을 이용한 方法은 株式市場의 效率性을 가정한 것이기 때문에 두 가지 方法에 의한 결과의 비교는 株式市場의 效率性에 대한 시사점을 제공할 수 있을 것이다.9)

---

9) 財務諸表 調整에 의해 推定된 資本收益率을 이용하여 株式市場의 效率性을 檢證하고자 했던 대표적인 硏究로는 Brainard, Shoven and Weiss (1980)를 들 수 있다.

第 2 章

自己資本收益率의 測定方法

　본 장에서는 自己資本收益率의 測定値를 구하기 위한 方法論에 대해 구체적으로 논의한다. 우리나라 기업의 실제 自己資本收益率이 공표된 것과 다르리라고 생각되는 것은 우리나라의 경우 인플레이션이 높고 기업의 資産構成이 특이하기 때문이다. 따라서 第1節에서는 가장 먼저 우리나라 기업의 특징을 간략하게 검토한다. 이 작업은 標本企業의 자료와 총자료를 대상으로 하여 진행될 것이므로 이들 두 자료를 비교하게 되면 標本企業의 代表性이 자연스럽게 논의될 수 있을 것이다.

　이어서 第2節에서는 財務諸表 調整에 의해 自己資本收益率을 測定하는 財務諸表 接近法이 설명된다. 財務諸表 調整의 技法은 기존의 여러 研究에서 이미 이용되어 왔지만 본 研究는 두 가지 측면에서 차이점을 가지고 있다. 첫째로 기초자료는 가급적 개별 기업의 財務諸表 資料에 의존하고자 한다. 둘째로 우리나라에만 존재하는 資産再評價制度를 고려한다. 이 두 가지 기준에 의하여 기존의 技法을 개선하는 것이 본 研究의 주요한 목표이다.

　第3節에서는 株式 投資收益率을 이용하여 自己資本收益率을 測定하는 方法이 설명된다. 이 方法은 나름대로의 장단점을 가지고 있는 것인 만큼 財務諸表 調整에 의한 自己資本收益率과 함께 보완적으로 이용되어야 할 것이다. 또한 이 方法은 株式市場의 效率性을 가정하고 있는 것이므로 이 가정과 관련된 논의가 필요할 것이다.

第1節 우리나라 企業의 諸 特徵

우리나라 기업의 諸 特徵을 논의하기에 앞서 우선 標本企業의 抽出方法에 대해 설명한다. 自己資本收益率을 推定하기 위해서 필요한 자료는 크게 두 가지인데 첫째는 財務諸表 자료이고 둘째는 株式價格 자료이다. 각 기업의 財務諸表 자료는 韓國信用評價에서 제공하는 'Kis-Fas 데이터베이스'를 이용하고 株價자료는 證券去來所에서 제공하는 'KSE 데이터베이스'와 '證券市場'을 이용한다.

標本企業은 전 산업을 대상으로 추출하되 1996년 財務諸表와 株式價格이 보고되어 있는 기업들로서 결산일은 12월인 기업으로 국한한다. 1996년 이전에 破産했거나 引受 合併된 기업들은 제외되었는데 이로 인해서 標本企業의 自己資本收益率은 전체 기업의 것과 차이가 있을 수 있다.

韓信評의 데이터베이스는 1980년부터 財務諸表 자료를 제공하고 있지만 일부 기업의 경우는 1980년대 초반의 자료가 누락되어 있다. 이들 기업들도 대상 기업에 포함시켜서 자료가 제공되는 기간 동안 推定値를 구하였다. 또한 株價자료와 관련하여 標本企業은 적어도 1987년까지 證券去來所에 상장된 기업만을 대상으로 추출한다.

財務諸表는 원칙적으로 原價에 의해 작성되지만 우리나라에서는 예외적인 경우로 資産再評價制度가 있다. 資産再評價制度는 固定資産10)에 한해 原價가 아닌 市場價値를 기준으로 財務諸表를 작성하

---

10) 우리나라의 財務諸表에서 固定資産은 投資資産, 其他資産, 有形固定資産, 無形固定資産을 포함한다. 즉 固定資産은 資産總計에서 流動資産(當座資産, 在庫資産, 其他流動資産)을 제외한 것이다. 投資資産과 其

는 제도이다. 따라서 資産再評價를 고려하지 않고 모든 帳簿價値를 原價로 간주하여 企業收益을 推定한다면 自己資本收益率은 過大推定 혹은 過小推定될 것이다. 第2節에서 설명될 것이지만 企業收益 의 推定方法도 철저하게 資産再評價를 고려하도록 考案되었다.

74년에 개정된 資産再評價法에 의하면 資産再評價는 都賣物價指數가 25% 이상 상승한 경우에 허용되었다. 따라서 우리나라 기업 의 경우 1980년 이후 적어도 한 번은 資産再評價가 실시되었다고 보아야 하기 때문에 資産再評價年度가 확인되지 않은 기업은 제외 하기로 한다.11)

[표 2.1] 標本企業의 産業 分類

산업 분류	기업 수
어업	1
광업	2
제조업	177
음식료품 제조업	20
섬유제품 제조업	19
의복 및 모피제품 제조업	2
가죽, 가방, 마구류 및 신발 제조업	2
펄프, 종이 및 종이제품 제조업	7
코크스, 석유정제, 핵연료	2
화합물 및 화학제품 제조업	36

他資産에는 預金, 債券, 株式 등의 金融資産이 포함되고 有形固定資産 에는 土地, 建物, 機械裝置, 車輛 등이 포함되어 있다.

11) 韓信評 데이터베이스로부터 거의 모든 기업의 資産再評價年度를 확인 할 수 있었다. 우선 財務狀態變動表와 現金흐름表를 이용하여 資産再 評價年度를 확인하였고 한일증권에서 발간되는 '上場會社情報'를 이용 하여 보완하였다.

산업 분류	기업 수
고무, 플라스틱제품 제조업	9
비금속광물제품 제조업	16
제1차 금속산업	14
조립금속제품 제조업	3
기계 및 장비 제조업	7
전기기계 및 전기변환장치 제조업	6
영상, 음향 및 통신장비 제조업	17
의료, 정밀, 광학기기 및 시계 제조업	1
자동차 및 트레일러 제조업	11
기타 운송장비 제조업	2
가구 및 기타 제조업	3
전기, 가스 및 증기업	1
건설업	20
도소매업 및 소비자용품 수리업	11
도매 및 상품 중개업	10
소매업	1
운수, 창고 및 통신업	8
육상 및 파이프라인운송	5
수상운송업	1
항공운수업	1
여행알선 및 운수관련서비스업	1
오락, 문화 및 운동관련 산업	1
은행	14
계	235

이상과 같은 기준에 의해 추출된 標本企業을 産業別로 분류하였을 때 産業別 企業體數가 [표 2.1]에 제시되어 있다. 非金融法人에 대한 산업 분류는 '企業經營分析 1997'에 따른 것이다. 標本企業은 총 235개로 金融法人(銀行)이 14개, 非金融法人이 총 221개이다.

非金融法人 중에는 제조업체가 171개로 압도적이며 그 다음은 건설업체가 20개로 많은 편이다. 따라서 제조업과 건설업에 속하는 기업이 非金融法人 전체 중에서 차지하는 비중은 89.1%나 된다. 한편 '企業經營分析 1997'이 조사대상으로 삼은 非金融法人 중 제조업체와 건설업체가 전체에서 차지하는 비중은 75.2% 정도 되므로 標本企業은 제조업과 건설업에 치중되어 있는 편이다.

우리나라 기업의 실제 自己資本收益率이 帳簿價値를 기준으로 하여 계산된 것과 다르리라고 생각하는 가장 중요한 이유는 인플레이션이 높은 편이고 기업의 資産構成이 독특하기 때문이다. 여기에서는 우리나라 기업의 資産構成, 즉 財務諸表의 여러 특징들을 간략하게 언급하고자 한다. 財務諸表의 특징은 産業 全體와 標本企業 모두에 대해서 제시될 것인데 이를 서로 비교함으로써 標本企業의 대표성이 평가될 수 있을 것이다.

이를 위해서 標本企業 중 非金融法人—이하에서는 標本企業이라고 부른다—의 財務諸表 자료와 '企業經營分析'에서 발표된 産業全體12)—이하에서는 産業 全體라고 부른다—의 財務諸表 자료를 비교하기로 한다. 財務諸表를 비교하는 방식은 財務諸表 接近法이 중요하게 다루는 지표를 帳簿價値에 의해 계산하여 두 집단 간에 비교하는 것이다. 가장 먼저 기업의 成長率과 自己資本收益率, 負債比率 등이 제시되고 이어서 資産總計 對比 固定資本, 在庫, 土地, 投資 및 其他資産의 비중 등이 제시될 것이다. 여기에서 제시되는

---

12) '企業經營分析'은 10개 대산업으로 분류하여 자료를 제공한다. 따라서 이하에서 제시되는 산업 전체의 자료는 대산업의 財務諸表를 모두 합산한 것에 기초하고 있다.

모든 比率은 加重平均된 것이다.

우선 産業 全體와 標本企業의 成長率을 비교하기로 한다. 기업의 成長率은 企業規模의 增加率로 정의하고 企業規模는 貸借對照表의 資産總計를 이용한다. 80~96년의 기간 동안 産業 全體의 成長率은 연평균 17.8%에 이르고 있었으며 標本企業의 연평균 成長率은 17.6%였다.13) 따라서 第3章에서 제시하게 될 測定 結果가 産業 全體의 成長率을 過大評價하지는 않을 것으로 보인다.

産業 全體와 標本企業의 自己資本收益率이 [그림 2.1]에 제시되어 있다. 80년대 전반에는 차이가 큰 편이어서 産業 全體의 평균 自己資本收益率보다 標本企業의 평균 自己資本收益率이 2.9% 더 높았다. 그리고 80년대 중반 이후에는 오히려 産業 全體의 自己資本收益率이 標本企業의 自己資本收益率보다 약간 더 높은 편이었다. 하지만 80~96년의 전 기간을 대상으로 할 때 標本企業의 自己資本收益率은 평균 6.1%로 産業 全體의 5.7%보다 조금 더 높았을 뿐이다. 어쨌든 産業 全體와 標本企業의 自己資本收益率은 모두 낮은 편이었으며 시기별로 水準의 차이가 있었다고 하더라도 그렇게 큰 것은 아니다.

우리나라 기업의 負債比率이 높다는 사실은 잘 알려진 것이다. 長期負債를 많이 이용하는 기업일수록 資本利得의 혜택을 많이 입

---

13) 이는 기존의 研究 經驗에 비추어 볼 때 異例的인 특징이다. 표본기업은 96년 현재 證券去來所에 上場된 기업이므로 80~95년의 기간 중에 破産 혹은 引受 合併되었던 기업들은 포함되어 있지 않다. 따라서 표본기업의 成長率은 産業 全體의 成長率에 비해 더 높을 것이라는 예상이 일반적이다. 이와 반대의 특징이 나타나는 것은 80~96년의 기간 중에 새로이 進入한 企業의 成長率이 그만큼 높았다는 것을 암시하고 있다.

게 되므로 이것이 自己資本收益率에 미치는 효과는 커질 것이다. 물론 長期負債에 대한 資本利得의 크기를 비교하려면 長期負債가 차지하는 比率을 비교하는 것이 더 좋은 方法이지만 '企業經營分析'은 流動負債 項目에서 流動性 長期負債를 구분하고 있지 않기 때문에 負債比率을 비교할 수밖에 없다.

또 하나 負債比率이 중요한 이유가 있다. 예를 들어 全體 資産 중에서 土地가 차지하는 비중이 같은 기업이라고 하더라도 負債比率이 높은 기업은 自己資本 對比 土地의 비중이 높게 마련이다. 그러나 土地에 대해 발생하는 資本利得이나 資本損失의 크기는 같을 것이므로 이것이 自己資本收益率에 미치는 효과는 負債比率이 높은 기업일수록 더 크게 된다. 즉 負債比率이 더 높은 기업일수록 自己資本收益率은 資産의 각 項目에 대해서 발생하는 資本利得 혹은 資本損失에 훨씬 더 민감하게 반응한다.

[그림 2.1] 産業 全體와 標本企業의 自己資本收益率

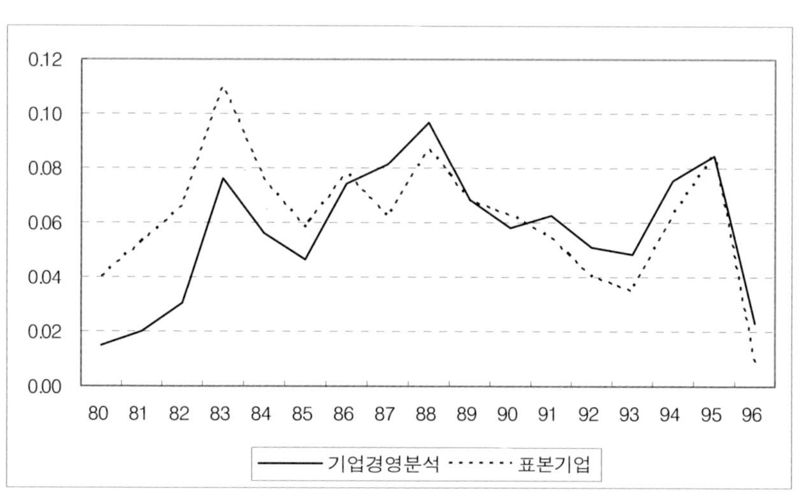

[그림 2.2] 産業 全體와 標本企業의 負債比率

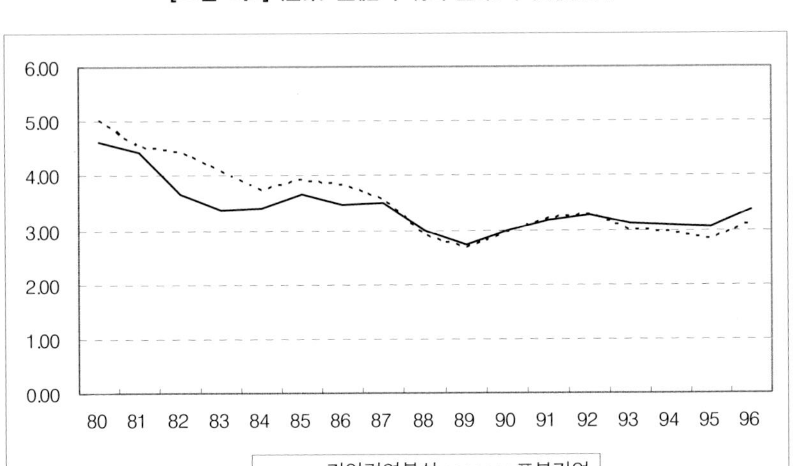

[그림 2.2]는 産業 全體와 標本企業의 負債比率을 보여주고 있다. 負債比率의 水準과 推移는 비슷한 편이며 각각의 負債比率은 80년대 이후 꾸준히 하락하여 왔다. 80~96년의 기간 동안 標本企業의 평균 負債比率은 353%로 産業 全體의 340%보다 조금 더 높았을 뿐이다. 따라서 負債 중 短期負債와 長期負債의 비중이 큰 차이를 보이지 않는다면 長期負債에 대한 資本利得의 효과는 産業 全體와 標本企業이 거의 같을 것으로 보인다.

[그림 2.3]~[그림 2.6]은 固定資本[14]), 在庫資産, 土地, 投資 및

---

14) 固定資本은 貸借對照表의 有形固定資産에서 土地를 제외한 것으로 정의한다. 여기에는 建物과 構築物, 機械, 車輛, 船舶, 工具와 機具, 備品, 建設 假計定이 포함되어 있다. 이 중에서 建設 假計定은 건설 중인 資産으로 정의되며 미완성인 資産이기 때문에 減價償却의 대상이 되지 않는다.

其他資産의 帳簿價値를 自己資本의 帳簿價値로 나누어 준 比率을 보여주고 있다.

우선 固定資本의 비중은 減價償却費 調整의 크기를 좌우하게 되므로 중요한 지표이다. [그림 2.3]을 보면 産業 全體의 固定資本의 비중은 다소 하락하였던 반면에 標本企業의 固定資本의 비중은 상승하는 추세를 보이고 있다. 하지만 標本企業의 固定資本의 비중이 상승하였던 것은 建設假計定이 증가하였기 때문이므로 이를 제외한다면 固定資本의 비중 감소는 標本企業에 있어서도 공통적인 현상이다.

한편 標本企業의 固定資本 비중은 상대적으로 産業 全體의 것에 비해 낮은 편이다. 80∼96년의 기간 동안 標本企業의 固定資本 비중은 평균 29%로 産業 全體의 평균 34.1%보다 더 낮았다. 따라서 標本企業을 이용하여 推定된 減價償却費 調整의 크기는 産業 全體의 것을 過小評價한다고 보아야 할 것이다.

또한 固定資本의 구성도 비교할 만한 가치가 있다. 固定資本은 減價償却率이 낮은 建物, 構築物과 減價償却率이 높은 機械, 車輛, 工具 등으로 구성되어 있는데 建物, 構築物의 비중이 클수록 상대적으로 減價償却費는 낮게 될 것이다. 標本企業의 경우 建物, 構築物의 비중은 시간이 지남에 따라 뚜렷하게 상승하였고 이로 인해 減價償却費의 비중은 하락하는 추세를 가지게 된다. 建物, 構築物의 비중 증가는 産業 全體의 경우 훨씬 뚜렷하였으므로 이에 따른 減價償却費의 비중 하락이 標本企業에만 국한된 것은 아니다.

38

[그림 2.3] 産業 全體와 標本企業의 固定資本 比率

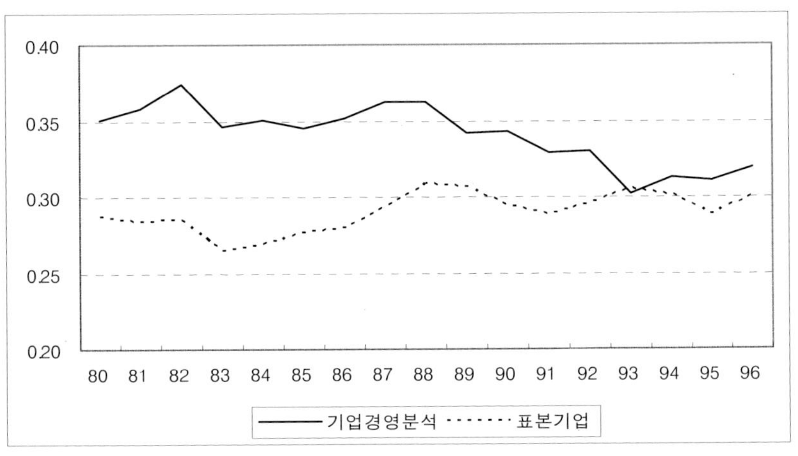

[그림 2.4] 産業 全體와 標本企業의 在庫資産 比率

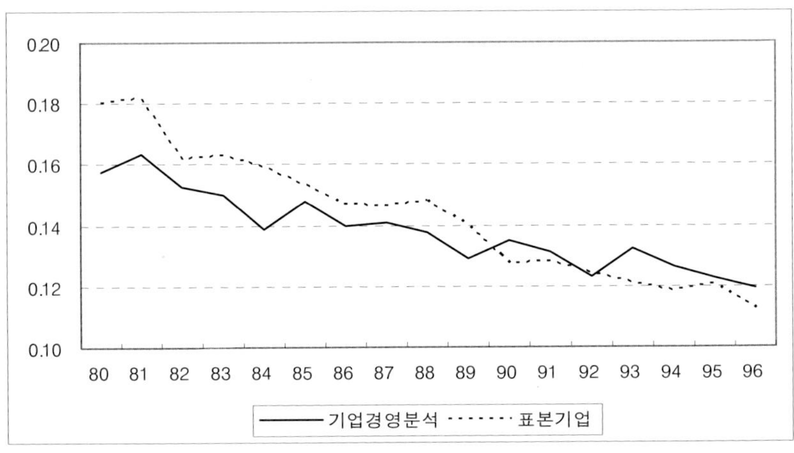

在庫資産의 비중은 在庫費用 調整額의 크기를 좌우한다. [그림 2.4]는 在庫의 비중을 보여주고 있는데 産業 全體와 標本企業에서 모두 하락하는 추세를 보이고 있다. 하지만 在庫의 비중은 標本企

業의 경우 80~96년 평균이 14.3%로 産業 全體의 같은 기간 평균 13.8%보다 더 높았다. 따라서 在庫費用 調整의 효과가 감소하는 추세에 있다는 것은 産業 全體와 標本企業이 같지만 標本企業의 경우 在庫費用 調整의 효과는 더 높게 평가될 것이다.

우리나라 기업의 資産構成에서 가장 중요한 특징은 土地와 金融資産이 큰 비중을 차지한다는 점이다. 따라서 土地와 金融資産에 대한 資本利得 혹은 資本損失이 企業收益에서 차지하는 비중은 대단히 중요하다. [그림 2.5]는 土地가 차지하는 비중을 보여주고 있다. 産業 全體와 標本企業의 土地 比重은 80년대 이후 비슷한 推移를 보여주고 있다. 특히 80년대 후반에서 90년대 초에 접어들면서 뚜렷한 증가세를 보여주고 있다. 資産總計 對比 土地의 比重은 80~96년 동안 標本企業이 평균적으로 5.9%이고 産業 全體는 6.2%이다. 따라서 標本企業에 대해 推定된 土地 資本利得의 효과는 産業 全體의 경우와 비교해 볼 때 작을 것으로 보인다.

[그림 2.6]은 投資 및 其他資産의 비중을 보여주고 있다. 이는 現金과 預金, 債券, 株式 등 金融資産에 대한 資本利得 혹은 資本損失의 크기를 염두에 두고 비교하는 것이지만 '企業經營分析'이 投資 및 其他資産을 더 이상 구분하고 있지 않기 때문에 총액이 차지하는 比率만을 비교한다. 産業 全體와 標本企業 모두 投資資産 및 其他資産이 차지하는 비중은 증가하고 있다. 資産總計 對比 이들 資産의 비중은 80~96년 동안 標本企業이 평균적으로 13.8%이고 産業 全體는 11.2%이다. 따라서 標本企業에 의한 작업은 이들 金融資産에 대한 資本利得 혹은 資本損失의 효과를 過大評價하게 될 것이다.

이상의 검토를 종합해 보면 우리나라 産業 全體의 주요한 특징

40

은 自己資本收益率이 낮고 負債比率은 높으며 固定資本과 在庫의
비중은 시간이 지남에 따라 감소하고 있다는 점이다. 한편 土地와
投資 및 其他資産이 차지하는 비중이 대단히 큰 편인데 특히 土地
와 投資 및 其他資産의 비중은 뚜렷하게 증가하여 왔다.

[그림 2.5] 産業 全體와 標本企業의 土地 比率

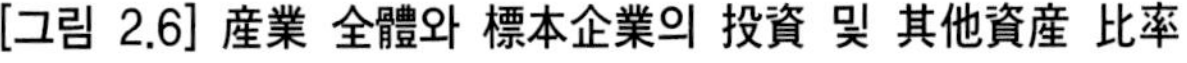

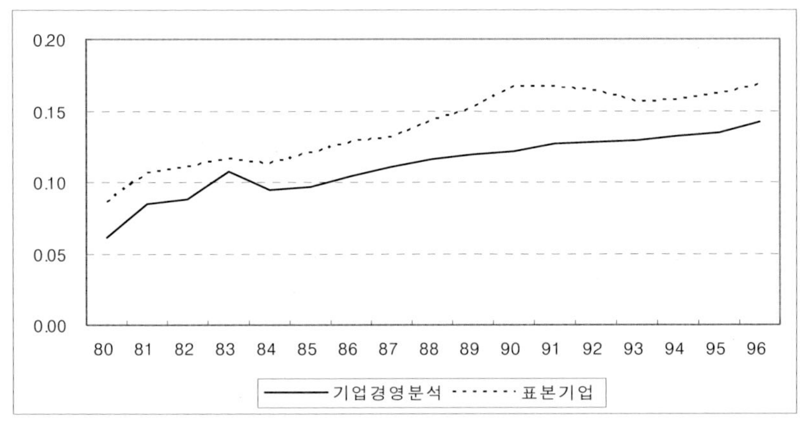

[그림 2.6] 産業 全體와 標本企業의 投資 및 其他資産 比率

 標本企業의 특징도 産業 全體의 것과 비교할 때 질적으로 차이를 보이고 있는 것은 아니며 다만 정도의 차이가 지적될 수 있을 뿐이다. 産業 全體와 비교할 때 標本企業은 상대적으로 固定資本과 在庫, 土地의 비중이 작은 편이며 投資 및 其他資産의 비중은 크다. 따라서 標本企業을 대상으로 이루어지는 이하의 작업 결과를 실제의 産業 全體에 대한 결과로 받아들이기 위해서는 상대적으로 減價償却費, 在庫費用, 土地에 대한 資本利得이 過小評價되었고 金融資産에 대한 資本利得과 資本損失은 過大評價되었다는 점을 감안해야 할 것이다.

 標本企業과 産業 全體의 차이가 規模에 따른 것인지는 분명하지 않다. 이하의 第3章에서는 標本企業을 規模에 따라 3집단으로 분류하였는데 大企業群은 小企業群에 비해 상대적으로 土地를 적게 보유하고 投資 및 其他資産을 많이 보유하는 것으로 나타났다. 하지만 大企業群은 小企業群에 비해 훨씬 더 負債比率이 높은 것으로 나타났기 때문에 標本企業의 특징이 大企業群의 것과 비슷하다고 말하기는 곤란하다.[15]

---

15) '企業經營分析'은 제조업을 大企業과 中小企業으로 나누어 財務諸表를 제공하고 있다. 規模에 따른 특징은 '企業經營分析' 자료나 標本企業 자료나 비슷한 것이었다.

第2節 財務諸表 接近法

財務諸表의 작성은 원칙적으로 原價(historical cost)를 기준으로 하여 이루어진다. 따라서 인플레이션이 있는 경우 財務諸表의 각 수치들은 市場價値와 괴리를 보이게 되며 그런 점에서 企業收益도 예외는 아니다. 특히 우리나라 기업의 경우 收益의 자료가 왜곡될 수 있는 가능성은 대단히 크다. 왜냐하면 우리나라 기업은 負債比率이 높을 뿐만 아니라 資産構成에서 土地와 金融資産의 비중이 아주 크기 때문이다.

결국 財務諸表를 이용하여 自己資本收益率을 推定하는 작업의 핵심은 貸借對照表와 損益計算書의 각 項目을 調整하여 帳簿價値를 市場價値로 환산하는 것이다.[16] 이로부터 損益計算書에 보고되지 않는 費用과 收益의 흐름을 推定하고 왜곡되어 보고되어 왔던 企業收益을 調整해야 한다.

非金融法人의 경우 인플레이션으로 인해 收益에 영향을 주는 요소로는 減價償却費와 在庫費用, 金融資産과 金融負債에 대한 資本利得 혹은 資本損失, 土地에 대한 資本利得 혹은 資本損失이 있다. 銀行의 경우 固定資本과 在庫資産이 없기 때문에 減價償却費와 在庫費用의 市價 推定은 불필요하다.

이들 각각에 대하여 費用과 收益을 再推定한 후 推定된 收益을 自己資本의 市場價値로 나누어 주면 調整된 自己資本收益率을 구하게 된다. 自己資本의 市場價値는 資産의 市場價値에서 負債의 市

---

16) 이하에서 언급될 財務諸表의 각 項目에 대해서는 第2章 附錄의 非金融法人과 銀行의 貸借對照表와 損益計算書 요약을 참조할 것.

場價値를 제외한 것으로 구한다.

본 硏究가 취하고 있는 財務諸表 接近方法은 주로 Salinger and Summers(1983)와 Rhee and Rhee(1994)를 참고로 하여 고안된 것이다.[17] 이들의 方法이 인플레이션 會計(inflation accounting)의 표준적인 것이기는 하지만 우리나라 기업의 財務諸表 자료에 적용하기 위해서는 다소간의 수정이 필요하다.

수정이 필요한 첫 번째 이유는 우리나라의 경우 資産再評價라는 독특한 제도가 있기 때문이다. 資産再評價가 실시된 연도의 固定資産 價値는 原價가 아니라 市場價値를 財務諸表에 보고하도록 되어 있다. 결국 資産再評價年度의 財務諸表 帳簿價値는 原價가 아니라 市場價値이기 때문에 帳簿價値를 모두 原價로 간주하는 기존의 方法은 각 項目에 대한 過大推定의 오류를 발생시키게 될 것이다. 따라서 이하에서 설명될 財務諸表 接近方法은 資産再評價를 고려하여 각 項目을 推定하도록 고안된 것이다. 資産再評價는 會計原則上 固定資産에만 적용되는 것이므로 이하의 推定過程에서 資産再評價가 고려되는 項目은 減價償却費와 株式, 土地에 대한 資本利得이다.

기존의 方法을 수정한 두 번째 이유는 韓信評의 데이터베이스로부터 많은 정보를 이용할 수 있었기 때문이다. 이 데이터베이스는 貸借對照表와 損益計算書뿐만 아니라 財務狀態變動表와 現金흐름表도

---

17) 財務諸表 調整의 方法을 체계적으로 정리한 硏究로는 Shoven and Bulow(1975, 1976)를 들 수 있다. 이후 이 方法은 다양한 분야에서 발전하게 되었는데 대표적으로는 Bulow and Shoven(1982), Brainard, Shoven and Weiss(1980), Brainard, Shapiro and Shoven(1991)이 있으며 負債比率을 市場價値에 의하여 推定하고자 했던 Taggart(1986), Bernanke and Campbell(1988, 1990)와 Warshawsky(1991)는 長期負債의 市場價値를 推定하였던 예이다.

제공하고 있다.[18) 財務狀態變動表와 現金흐름表로부터는 固定資本의 新規取得과 長期負債의 新規發行에 관한 자료를 얻을 수 있었기 때문에 이를 固定資本의 年數構造, 長期負債의 滿期構造를 推定하는데 이용하고자 한다. 이 方法은 財務諸表로부터 보다 많은 정보를 이용하고 있다는 점에서 일단 장점을 가지고 있다. 하지만 보다 더 중요한 것은 이 方法을 이용할 경우 각 項目에 대한 過大推定의 가능성을 줄일 수 있다는 점이다. 기존의 方法은 貸借對照表에서 固定資本과 長期負債의 증가를 계산하고 이 값을 固定資本의 新規取得과 長期負債의 新規發行으로 간주한다. 이러한 方法은 固定資本의 新規取得과 長期負債의 新規發行을 過大推定하게 되고 그것으로 인해 減價償却費와 長期負債에 대한 資本利得도 過大推定하는 경향이 있다.[19)

2.1 減價償却費 市價의 推定

固定資本에 대한 減價償却費는 固定資本의 市場價値에 단위 기간 동안의 減價償却率을 곱함으로써 계산되어야 한다. 이때 固定資本의 市場價値는 固定資本의 價値變動과 減價償却의 진행 정도를

---

18) 韓信評의 데이터베이스는 非金融法人에 대해서 1992년까지는 財務狀態變動表를, 1993년 이후에는 現金흐름表를 제공하고 있으며 銀行에 대해서는 전 기간 동안 財務狀態變動表만을 제공하고 있다.

19) 기존의 方法은 貸借對照表에서 固定資本과 長期負債가 증가하였다면 이들을 모두 '新規로' 취득되거나 발행된 것으로 간주한다. 하지만 기업의 引受 合倂이 있었던 경우라면 이들이 모두 '新規로' 취득되거나 발행된 것은 아니며 이미 '이전에' 취득되었거나 발행되었던 것을 포함하고 있는 것으로 보아야 한다. 따라서 기존의 方法은 固定資本의 年數構造와 長期負債의 滿期構造를 과장하여 推定하는 경향이 있다.

모두 고려하여 계산된다. 이러한 방식은 동일한 固定資本을 현재 새로 구입할 수 있는 가격에 減價償却率—減價償却 方法이 定額法(straight line method)의 경우라면 殘存年數에 상관없지만 定率法(accelerated rate method)의 경우라면 殘存年數를 고려해야 한다—을 곱하여 減價償却費를 계산하는 것과 같다.

인플레이션이 있는 경우 동일한 固定資本을 현재에 구입하려고 한다면 그 가치는 취득 당시의 原價보다 더 커진다. 하지만 企業會計는 취득 당시의 原價를 기준으로 하여 減價償却費를 계산하기 때문에 인플레이션이 있는 경우 減價償却費는 당연히 過小評價된다.

따라서 정확한 減價償却費를 얻기 위해서는 인플레이션에 따른 固定資本의 價値變動을 고려해야 한다. 우선 인플레이션에 따른 固定資本의 市場價値 變動을 推定해야 하며 이 推定値에 減價償却率을 적용함으로써 減價償却費 市價를 구한다. 減價償却費 市價와 帳簿價와의 차이는 費用의 증가를 의미하는 것이므로 法人稅率을 적용하여 調整을 거친 후 損益計算書의 稅後 企業收益에서 차감해 주어야 한다. 미국, 일본과 비교해 볼 때 우리나라의 인플레이션은 높은 편이기 때문에 이에 따른 減價償却費의 증가는 대단히 큰 規模일 것으로 추측할 수 있다.

이하에서 설명될 減價償却費 市價의 推定 方法은 資産再評價制度를 고려하도록 고안된 것이다. 資産再評價를 실시한 연도에는 固定資本과 減價償却費의 市場價値가 장부에 보고된다. 하지만 기존의 方法들은 帳簿價値를 모두 原價로 간주하여 減價償却費를 推定하는 것이기 때문에 資産再評價制度가 존재하는 우리나라의 경우에는 적절한 것이 아니다. 資産再評價制度를 고려함으로써 기존의 方法이 가지고 있는 過大推定의 문제를 해결하고자 한다.

固定資本의 新規取得에 대한 자료는 財務狀態變動表와 現金흐름表로부터 이용하고자 한다. 이들 財務諸表로부터 구한 固定資本의 新規取得에 비해 貸借對照表의 固定資本 증가가 더 많았다면 이들은 모두 引受合併에 의해 취득된 것으로 간주한다. 반면에 固定資本의 新規取得을 차감하고 난 후 貸借對照表에서 固定資本 감소가 있었다면 이들은 모두 早期에 廢棄된 것으로 간주한다.[20]

韓信評의 데이터베이스는 固定資本을 建物, 構築物, 機械裝置, 車輛運搬具, 工具와 機具, 備品으로 구분하여 제공하고 있다. 따라서 固定資本의 각 項目別로 減價償却費 市價를 推定하고 이를 합산하여 減價償却費 市價 총액을 구한다.

固定資本은 建物 및 構築物, 機械裝置, 車輛運搬具, 工具와 機具 및 備品의 네 가지로 구분하여 각각의 減價償却率을 적용한다. 각 固定資本에 적용되는 經濟的 減價償却率은 현진권(1996)에 의해서 推定된 것을 이용한다. [표 2.2]에 그 값이 제시되어 있는데 현진권은 建物, 構築物의 經濟的 減價償却率을 제시하지 않았기 때문에 建物 및 構築物에 대해서는 윤건영(1988)에 의해 계산된 값을 적용하기로 한다.[21]

---

20) 貸借對照表에서 固定資本의 증가가 있었을 경우 이를 모두 固定資本의 新規取得으로 간주하게 되면 減價償却費 市價 推定額은 엄청나게 커진다. 이를 資産再評價年度의 減價償却費—이 값은 市價를 기준으로 한 것이므로 減價償却費가 過大推定되었는지를 평가할 수 있는 유일한 기준이다—와 비교해 보면 過大推定이 있었음을 부인하기는 힘들 것이다. 즉 이 方法에 따라 自己資本收益率을 推定하면 거의 전 기간에 걸쳐서 (-)의 값을 얻게 된다.

[表 2.2] 固定資本別 減價償却率과 耐用年數

구 분	經濟的 減價償却率	平均 耐用年數
建物 및 構築物	0.594	30년
機械裝置	0.162	9년
車輌運搬具	0.243	6년
工具와 機具, 備品	0.256	5.7년

자료) 建物 및 構築物은 윤건영(1988), 나머지는 모두 현진권(1996)에서 재인용.

減價償却費 市價를 推定하기 위해서는 固定資本의 年數構造(vintage structure)를 가장 먼저 推定해야 한다. 이를 위해서 다음과 같이 가정한다. 첫째로 표본 시기 이전의 기간에 대해서 각 기업의 固定資本 增加率은 産業 全體의 固定資本 增加率과 같다고 가정한다.22) 産業 全體의 固定資本 增加率은 '企業經營分析'의 자료를 이용한다.

둘째로 표본 시기 이전의 資産再評價에 대한 가정이 필요하다. 資産再評價는 都賣物價指數가 25% 이상 상승한 경우에 허용되는 것이 원칙이므로 75년을 전후한 시기에 집중적으로 資産再評價가 이

---

21) 윤건영(1988)은 Hulten and Wykoff(1980)가 推定한 經濟的 減價償却率 자료를 그대로 이용한 것이며 현진권(1996)은 이들의 方法에 따라 중고 자동차 시장의 자료를 이용하여 經濟的 減價償却率을 推定한 것이다.

22) 많은 研究에서는 각 기업의 표본 시기 이전의 固定資本 增加率이 그 기업의 표본 초기의 固定資本 增加率—예를 들어 표본 초기 5년간의 固定資本 增加率—과 같다고 가정한다. 이러한 가정이 각 기업의 특성을 고려한다는 점에서 유리한 것은 사실이지만 우리나라 기업의 경우에는 타당하지 않다고 보았다. 그 이유는 1980년대 초반에 資産再評價가 이루어진 경우가 많았으므로 표본 초기의 帳簿上 固定資本 增加率은 실제의 固定資本 增加率을 過大評價할 것이기 때문이다. 실제로 固定資本 增加率의 過大評價는 대단히 심한 편이어서 이 方法이 개별 기업의 특성을 무시한다고 하더라도 불가피한 것임에 틀림없다.

루어졌을 것으로 보인다. 따라서 모든 기업은 75년에 資産再評價를 실시하였다고 가정한다. 이러한 가정을 하지 않는다면 적어도 80년대 초반의 固定資本 市價와 減價償却費는 過大 推定될 것이다.[23]

셋째로 固定資本의 新規取得은 財務狀態變動表와 現金흐름表에 보고되는 固定資本의 增加 項目으로부터 구한다. 이렇게 구한 固定資本의 新規取得과 減價償却이 완료되는 固定資本의 廢棄를 차감하고 나면 貸借對照表의 固定資本은 전 연도에 비해 증가 혹은 감소할 수 있다. 이때 固定資本이 감소하였다면 固定資本의 早期 廢棄(early retirements)가 있었다고 가정한다. 또한 固定資本의 증가가 있었다면—새로운 固定資本의 구입 이외에도—引受合併에 의한 固定資本의 증가가 있었다고 가정한다.[24] 早期 廢棄되는 固定資本과 引受合併되어 취득한 固定資本의 年數構造는 기존에 보유하고 있던 固定資本의 것과 같다고 가정한다. 또한 引受合併에 의해 취득된 固定資本의 資産再評價는 인수기업과 같은 연도에 이루어졌다고 가정한다.

넷째로 우리나라 기업들의 減價償却은 定率法(accelerated depreciation method)에 의해 이루어진다고 가정한다. 다섯째로 固定資本의

---

23) 이러한 가정을 하더라도 80년대 초반의 減價償却費 市價는 대단히 크게 推定된다. 減價償却費 市價가 過大推定되었는지를 평가할 수 있는 유일한 기준은 資産再評價年度의 減價償却費 帳簿價值이다. 이것과 비교해 볼 때 이 가정을 하지 않은 경우 80년대 초반의 減價償却費 市價는 너무 커진다.

24) 固定資本의 投資資料를 財務諸表에서 구하는 경우 흔히 固定資本의 投資가 過小評價되는 문제점이 지적되어 왔다. 固定資本의 投資가 過小評價되는 가장 큰 이유로 Salinger and Summers(1983)는 引受合併에 의한 投資의 누락을 들고 있다.

가격 變動은 生產者 物價指數와 같이 變動한다고 가정한다. 여섯째로 資産再評價 이후 固定資本의 耐用年數 연장은 없다고 가정한다.

　이상의 가정에 따라 가장 먼저 시작연도 固定資本의 年數構造를 推定한다. 시작연도를 b기라 하고 N은 각 固定資本의 耐用年數이다. 또한 K_t를 t기의 총자본스톡의 帳簿價值, $I_{t-j,\,t}$를 t-j기에 投資하여 t기에 남아 있는 자본스톡의 帳簿價值, g를 b기 이전의 총자본스톡 帳簿價值 增加率이라고 하자. $I_{b,\,b}$는 시작연도의 固定資本 新規 投資로 이미 財務諸表에서 주어진 값이다. b기에 대해서

$$K_b - I_{b,\,b} = \sum_{j=1}^{n-1} I_{b-j,\,b} = \sum_{j=1}^{n-1} I_{b-1,\,b}(\frac{1}{1+g})^{j-1}$$

이 성립하므로 b기 직전의 投資는 다음과 같다.

(2.1)

$$I_{b-1,\,b} = \frac{K_b - I_{b,\,b}}{\sum\limits_{j=1}^{n-1}(\frac{1}{1+g})^{j-1}} = (K_b - I_{b,\,b})[\frac{g}{(1+g)-(1+g)^{2-n}}]$$

따라서 그 이전의 시기에 이루어진 投資는

(2.2)　　$I_{b-j,\,b} = (\frac{1}{1+g})^{j-1} I_{b-1,\,b}, \quad \text{for } j=2,\ldots,N-1$

이 된다.

시작연도의 固定資本 年數構造를 구하였으므로 이어서 固定資本의 市價를 구한다. PPI_t를 t기의 生産者 物價指數, δ를 減價償却率이라고 할 때 b−j기에 구입하여 b기에 보유하고 있는 固定資本의 市價 $MVI_{b-j,\,b}$는 (2.3)식과 같이 인플레이션이 調整되고 減價償却이 실시된 값으로 주어진다.

$$(2.3) \quad MVI_{b-j,\,b} = \left(\frac{PPI_b}{PPI_{b-j}}\right)(1-\delta)^j I_{b-j,\,b} \quad \text{for} \quad j = 0, \ldots, N-1$$

$$\text{where} \quad PPI_{b-j} = PPI_{1975} \quad \text{if} \quad b-j < 1975$$

여기에서 1975년 이전의 物價指數가 1975년의 物價指數로 고정되어 있는 것은 75년에 資産再評價가 이루어졌다고 가정했기 때문이다.

이를 모든 구입연도에 대해서 합하면 (2.4)식과 같이 b기의 固定資本 市價를 구할 수 있다. b기 固定資本의 市價 MVK_b는 다음과 같다.

$$(2.4) \quad MVK_b = \sum_{j=o}^{n-1} MVI_{b-j,\,b}$$

또한 시작연도의 減價償却費 市價 $MVDep_b$는 다음과 같이 구한다.

$$(2.5) \quad MVDep_b = \delta \sum_{j=1}^{n-1} \left(\frac{PPI_b}{PPI_{b-j}}\right)(1-\delta)^{j-1} I_{b-j,\,b}$$

$$\equiv \delta \sum_{j=1}^{n-1} (1-\delta)^{-1} MVI_{b-j,\,b}$$

시작연도 이후의 기간에 대해서는 다음과 같이 減價償却費를 구한다. 우선 RET_t를 減價償却이 완료되어 廢棄되는 固定資本의 帳簿價値라고 할 때 固定資本의 規模調整比率 wo_t는 다음과 같이 정의한다.

$$(2.6) \quad wo_t \equiv \frac{K_t - I_{t,t}}{K_{t-1} - RET_t}$$

$wo_t <$ 1이었다면 이는 固定資本의 早期 廢棄(early retirements)가 있었던 경우가 될 것이다. 반면에 資産再評價가 시행되지 않았던 시기에 $wo_t >$ 1이었다면 引受合倂에 의한 固定資本의 投資가 있었던 경우이다. 早期 廢棄 혹은 引受合倂된 固定資本의 年數構造는 이 기업이 이미 投資한 固定資本의 것과 같다고 가정하였으므로 구입연도별 固定資本의 市價와 固定資本의 市價 총액은 각각

$$(2.7)$$

$$MVI_{t-j,t} = \left(\frac{PPI_t}{PPI_{t-1}}\right)(1-\delta)wo_t \times MVI_{t-j-1,t-1} \text{ for } j = 1, \ldots, N-1$$

$$(2.8) \quad MVK_t = \sum_{j=0}^{n-1} MVI_{i-j,t}$$

가 된다.

또한 t기의 減價償却費 市價 $MVDep_t$는

$$(2.9) \quad MVDep_t = \delta \sum_{j=0}^{n-2} \left(\frac{PPI_t}{PPI_{t-1}} \right) wo_t \times MVI_{t-j-1,\,t-1}$$

$$\text{where} \quad wo_t = 1 \quad \text{if} \; \frac{K_t - I_{t,t}}{K_{t-1} - RET_t} > 1$$

이 된다. 이때 (2.6)에서 정의된 固定資本의 規模調整比率 wo_t 가 1보다 큰 경우 이 比率을 1이라고 한 것은 t기에 인수한 固定資本의 경우 減價償却費는 이미 피인수기업에 의해 계산되었으리라고 보았기 때문이다. 또한 wo_t가 1보다 작은 경우 그 값을 그대로 적용하는 것은 早期 廢棄되는 固定資本의 減價償却費는 다른 형태로 損益計算書에 반영되었으리라고 보았기 때문이다.

한편 資産再評價가 이루어진 시기에는 減價償却費의 帳簿價値가 市場價値와 같을 것이므로 별도의 調整이 필요하지는 않다. 다만 資産再評價年度 이후의 固定資本 年數構造를 推定하기 위해서는 資産再評價年度의 固定資本 年數構造를 알고 있어야 한다. 이를 위해서는 우선 資産再評價年度의 引受合併에 의한 投資를 구해야 하며 이들 작업으로부터 구한 資産再評價年度의 固定資本 市價는 固定資本의 帳簿價値와 일치해야 한다.

RET_t^*와 MVK_{t-1}^*는 이미 정의된 바와 같이 t기에 廢棄되는 固定資本과 t-1기 固定資本의 市價이지만 여기에서는 모두 t기의 市價로 환산된 것이 이용되어야 한다. 따라서 資産再評價年度의 規模調整比率은

$$wo_t \equiv \frac{K_t - I_{t,t}}{MVK_{t-1}{}^* - RET_t{}^*}$$

이 된다. 이 比率에 따라 固定資本 年數構造와 引受合併에 의한 投資를 구하게 되면 資産再評價年度의 推定된 固定資本 市價와 帳簿價値는 일치하게 된다. 資産再評價年度의 固定資本 年數構造를 구했으므로 위에 설명되었던 것과 같은 방식에 의해 資産再評價年度 이후의 固定資本 年數構造와 減價償却費를 推定하면 된다.

減價償却費 市價는 帳簿價値보다 더 크다. 따라서 減價償却費 市價에서 帳簿價値를 차감한 크기만큼이 費用으로 추가되어야 한다. 費用으로 추가될 때 法人稅率을 적용한다면 그만큼 租稅 還給이 계산되어 더해져야 할 것이다. 法人稅率에 대해 調整된 減價償却費 調整額을 收益의 帳簿價値에서 차감하면 調整된 收益을 얻게 된다.

2.2 在庫費用(賣出原價)의 調整

인플레이션하에서는 先入先出法(FIFO: First-in, First-out)을 이용하여 在庫資産을 관리하는 기업의 경우 賣出原價(cost of goods sold)가 過小評價된다. 매출에 포함된 在庫의 市場價値는 인플레이션에 따라 상승하였음에도 불구하고 損益計算書의 賣出原價에 포함될 때는 구입연도의 原價로 계산되기 때문이다. 따라서 인플레이션에 따른 在庫費用의 증가가 반영되지 않는다면 賣出原價는 過小評價되고 기업의 收益은 過大評價된다.

인플레이션에 따른 賣出原價의 상승을 推定하기 위해 다음과 같이 가정한다. 첫째로 우리나라 기업의 경우 대부분 先入先出法을 이용하므로 標本企業은 모두 이 方法만을 사용한다고 가정한다. 둘째로 t-1기의 在庫는 t기에 모두 매출된다고 가정한다. 따라서 t기말 貸借對照表에 보고되는 在庫는 모두 t기에 매입된 것으로 t기의 물가로 표시되어 있다.[25] 셋째로 시작연도의 賣出原價를 推定하기 위해서는 시작연도 직전의 在庫資産 帳簿價値가 필요한데 이를 구하기 위해서 필요한 在庫資産 帳簿價値 增加率은 産業 全體의 增加率과 같다고 가정한다. 産業 全體의 在庫資産 增加率은 '企業經營分析'의 자료를 이용한다. 넷째로 전 연도 在庫의 매출 시점은 '企業經營分析'에서 발표되는 産業別 在庫資産 回轉率에 의해 결정된다고 가정한다. 다섯째로 在庫資産의 가치 상승률은 生産者 物價指數 상승률과 같다고 가정한다.

先入先出法을 이용하는 경우 인플레이션에 따른 在庫費用의 증가는 전 연도 在庫의 가치와 인플레이션율을 곱함으로써 결정된다. 하지만 전 연도의 在庫가 금년도 결산 시점에 매출되는 것은 아니므로 연간 인플레이션율이 적용된다면 在庫費用은 過大評價될 수밖에 없다. 즉 매출된 在庫의 가격 상승을 계산하기 위해서는 인플레이션율이 회전 기간만큼 적용되는 것이 훨씬 더 현실적이다. 따라서 在庫費用의 증가는 전 연도 在庫의 가치와 인플레이션율의 곱으로 계산하되 在庫資産 回轉率로 나누어 주어야 한다. 이때 적

---

25) 이 가정은 Auerbach(1984)에서도 이용되고 있는데 우리나라 기업의 경험에도 부합된다. '企業經營分析'에 따르면 在庫資産 回轉率이 가장 낮은 산업은 광업인데 광업의 경우에도 96년의 在庫資産 回轉率은 3.48회에 이르고 있다.

용되는 在庫資産 回轉率은 가정한 바와 같이 '企業經營分析'의 産業別 在庫資産 回轉率이다.

INV_t를 t기의 在庫, PPI_t를 t기의 生産者 物價指數라 하고 在庫資産 回轉率을 $ICrate_t$라고 할 때 인플레이션에 따른 在庫費用의 증가는

$$(2.10) \quad (\frac{PPI_t - PPI_{t-1}}{PPI_{t-1}})INV_{t-1} \times \frac{1}{ICrate_t}$$

이 된다.

(2.10)에 의해 계산된 在庫費用의 증가는 費用의 증가이므로 法人稅率을 적용할 때 租稅 還給이 있게 된다. 따라서 法人稅率에 대한 調整을 거친 在庫費用 調整額을 收益에서 차감함으로써 調整된 企業收益을 구한다.

2.3 長期負債에 대한 資本利得 推定[26]

우리나라 기업의 負債比率은 미국 기업 혹은 일본 기업과 비교하여도 높은 편이다. 하지만 負債比率이 높다는 사실만으로 長期負

---

26) 일반적으로 財務諸表의 帳簿價値를 市場價値로 바꾸어 줄 때 固定資本과 在庫의 중요성은 강조되어 왔지만 상대적으로 金融資産과 金融負債의 중요성은 소홀히 다루어져 왔다. 하지만 Bulow and Shoven (1982)의 결과에 따르면 미국에서도 金融資産과 金融負債의 중요성은 대단히 큰 것으로 나타났다.

56

債에 대한 資本利得의 規模가 클 것이라고 단정하기는 이르다. 우리나라 기업의 負債 이용에는 두 가지 특징이 있다. 우선 短期負債의 비중이 대단히 높은 편이다.27) 短期負債로 短期借入金, 支給어음, 外上買入金만을 포함시킨다고 하더라도 이 規模는 長期負債 전체를 상회하고도 남는다. 또한 長期負債라고 하더라도 滿期는 대단히 짧은 편이다. 예를 들어 金融機關 借入金이나 會社債의 경우 滿期가 3년을 넘는 경우는 드물다. 따라서 負債比率이 암시하는 것보다는 長期負債에 대한 資本利得의 規模가 작은 것이 사실이다. 그렇다고 하더라도 長期負債의 規模는 여전히 큰 편이며 그에 따른 資本利得의 規模도 다른 요인들과 비교할 때 대단히 중요하다.

非金融法人의 경우 貸借對照表는 負債를 크게 流動負債와 固定負債로 구분한다. 流動負債는 殘餘滿期가 1년 이하인 負債이고 固定負債는 殘餘滿期가 1년 이상인 負債이다. 따라서 발행 당시 滿期가 1년 이상이었던 長期負債라고 하더라도 시간이 지남에 따라 殘餘滿期가 1년 이하가 되면 流動負債로 분류된다. 貸借對照表는 殘餘滿期가 1년 이하가 된 長期負債를 流動性 長期負債로 분류하고 있다. 流動性 長期負債는 엄연히 長期負債이므로 이하에서는 長期負債에 포함시킨다. 또한 固定負債에는 負債性 充當金 項目도 포함되어 있지만 이를 長期負債로 간주할 이유는 없으므로 長期負債에서 제외한다.

따라서 非金融法人의 경우 長期負債는 固定負債 중 長期借入金,

---

27) 短期負債와 長期負債는 발행 당시 滿期가 1년 이하인 負債와 1년 이상인 負債로 정의된다. 따라서 短期負債에는 資本利得 혹은 資本損失이 발생하지 않는다.

社債, 外貨 長期借入金과 流動負債 중 流動性 長期借入金, 流動性 社債, 流動性 外貨長期借入金만을 포함시킨다. 長期負債의 각 項目은 利子率과 發行 滿期가 다르므로 각각 구분하여 市場價値와 資本利得을 推定하는 것이 더 정확할 것이다. 다행히도 韓信評의 데이터베이스는 長期負債의 3項目에 관한 자료를 모두 구분하여 제공하고 있다. 長期負債의 3項目에 대한 資本利得을 구하고 나서 이를 합산하면 長期負債에 대한 資本利得 總額을 얻을 수 있다.

銀行의 경우 負債 項目은 훨씬 더 복잡한 편이다. 본 작업에서는 規模가 가장 큰 預受金과 收入賦金에 대해서만 資本利得을 推定한다. 또한 韓信評의 자료는 이들 項目 중 長期負債를 구분하고 있지 않기 때문에 '銀行經營統計'의 長期比率을 이용하여 預受金과 收入賦金 중의 長期負債를 계산하고 이 크기에 대해서만 資本利得을 推定한다.

모든 기업은 金融負債와 더불어 金融資產을 보유한다. 非金融法人의 경우 金融負債가 金融資產을 훨씬 더 초과하기 때문에 기존의 여러 硏究는 金融負債와 金融資產의 차이에 대해서만 資本利得을 推定한다. 하지만 본 硏究는 金融負債에 대한 資本利得과 金融資產에 대한 資本利得 혹은 資本損失을 각각 推定하고자 한다. 이렇게 하는 첫 번째 이유는 韓信評의 데이터베이스가 金融負債와 金融資產에 대한 상세한 정보를 제공하고 있기 때문에 이 정보를 모두 이용하는 것이 더 적합하리라고 판단되기 때문이다. 둘째로 金融負債와 金融資產의 차이에 대해서만 資本利得을 推定하는 것이 타당하기 위해서는 金融負債와 金融資產의 滿期構造가 같아야 하는데 이를 확신할 만한 근거가 없기 때문이다.[28] 셋째로 非金融

法人의 경우 有價證券에 대한 評價損益을 損益計算書에 반영한다고 보기 힘들다.[29] 따라서 非金融法人에 대해서는 金融負債와 金融資産에 대한 資本利得 혹은 資本損失을 각각 推定한다.

銀行의 경우에도 金融資産에 대한 資本損失과 金融負債에 대한 資本利得을 각각 推定한다. 그 이유로는 첫째 銀行에 있어서 貸出金과 預受金의 滿期를 일치시키는 것은 대단히 중요한 영업상의 문제이기는 하지만 그것을 확신할 만한 근거는 없다. 오히려 본 작업의 推定 結果에 따르자면 貸出金에 대한 資本損失과 預受金에 대한 資本利得은 충분히 상쇄되지 않는 경우가 많았다. 둘째로 銀行의 경우도 有價證券에 대한 評價損益이 損益計算書에 충분히 반영되었다고 보기 힘들다.[30] 따라서 銀行이 보유 중인 有價證券에 대해서도 資本利得 혹은 資本損失의 規模를 별도로 推定해야 한다.

따라서 非金融法人에 대해서는 長期負債에 대한 資本利得을 推定하며 銀行에 대해서는 長期預受金과 長期收入賦金에 대해서 資本利得을 推定한다. 인플레이션 調整에 이용되는 物價指數는 消費

---

28) 非金融法人이 보유하는 金融資産은 現金과 預金, 債券, 株式인데 이들을 보유하는 동기가 순수한 投資收益의 획득이라고 보기는 힘들다. 오히려 피동적인 拘束性 兩建預金이나 계열사 관계 유지를 위한 株式의 상호 소유 등이 더 중요할지도 모른다. 따라서 非金融法人의 金融資産 보유는 다분히 硬直的인 성격을 가진 것이다.

29) 韓信評의 자료에 따르면 非金融法人의 損益計算書는 보유 중인 有價證券에 대한 評價損益을 거의 반영하지 않고 있다. 評價損은 반영된 바 있지만 거의 무시할 만한 수치이고 評價益은 단 한 번도 반영되지 않았다.

30) 銀行의 損益計算書에는 有價證券에 대한 評價損이 상당히 반영되어 있다. 하지만 그 크기는 아주 작은 편이라고 판단되며 評價益은 거의 무시되어 있는 것으로 보인다.

者 物價指數이며 名目利子率은 각 項目에 적합한 利子率을 적용한
다. 非金融法人의 경우 長期借入金, 社債, 外貨長期借入金에 적용되
는 利子率은 '企業經營分析'의 借入金 平均金利, 3년 滿期 銀行 保
證 會社債 收益率, 그리고 滿期 5년인 LIBOR에 1.5%의 프레미엄
을 추가한 利子率이다.31) 銀行의 경우 長期預受金과 長期收入賦金
에 적용되는 利子率은 '調査統計月報'의 定期預金金利를 적용한다.

長期負債의 資本利得을 推定하기 위해서 다음과 같이 가정한다.
첫째 非金融法人의 경우 長期借入金과 社債의 滿期는 3년, 外貨長
期借入金의 滿期는 5년이라고 가정한다. 또한 銀行의 경우 長期預
受金과 長期收入賦金의 滿期는 3년이라고 가정한다. 둘째 長期負債
의 危險 等級(risk class)은 변하지 않는다. 셋째로 표본 시기 이전
의 기간에 대해서 각 기업의 長期負債 增加率은 産業 全體의 長期
負債 增加率과 같다고 가정한다. 産業 全體의 長期負債 增加率은
'企業經營分析'의 자료를 이용한다. 넷째로 기업의 引受合倂이 있었
다면 長期負債는 市場價値에 의해 거래되며 被引受企業의 長期負
債 滿期構造는 引受企業의 것과 같다고 가정한다. 또한 長期負債의
早期 償還이 있었을 경우에 早期 償還되는 長期負債의 滿期構造도
전 연도 長期負債의 滿期構造와 같다고 가정한다.

---

31) '企業經營分析'의 借入金 平均金利는 短期負債까지 포함하여 계산된
   것이므로 그것의 滿期를 비판한다면 타당성에 의문이 있다는 사실을
   부인하기는 힘들다. 하지만 우리나라 금융시장의 收益率 曲線(yield
   curve)이 편평하다고 가정한다면 滿期가 큰 문제를 야기할 것 같지는
   않다. 오히려 중요한 것은 會社債 收益率, LIBOR와 借入金 平均金利
   가 얼마나 다른 水準과 推移를 보여주었는가에 있다.

資本利得을 얻기 위해서는 가장 먼저 長期負債의 滿期構造(maturity structure)를 推定해야 한다. 왜냐하면 滿期에 따라——바꾸어 말하면 長期負債의 발행연도에 따라——資本利得의 크기가 다르게 결정될 것이기 때문이다. 長期負債의 滿期構造를 推定하는 데 있어서 철저하게 개별 기업의 財務諸表 자료를 이용한다. 즉 각 연도에 新規로 발행된 長期負債는 財務狀態變動表와 現金흐름表로부터 구한다.[32] 또한 殘餘滿期가 1년 이하가 된 長期負債는 貸借對照表의 流動性 長期負債 項目으로부터 구한다.

우선 S_t를 流動性 長期負債의 帳簿價值, L_t를 固定負債의 帳簿價值, n은 長期負債의 滿期라 하고 $N_{t-j,t}$는 t-j기에 발행되어 t기에 남아 있는 長期負債의 帳簿價值라고 하자. 新規發行된 長期負債 $N_{t,t}$와 殘餘滿期가 가장 짧은 $N_{t-(n-1),t}$는 이미 財務諸表로부터 주어진다.

시작연도를 b기라고 할 때 시작연도 長期負債의 滿期構造는 다음과 같이 구한다. b기 이전의 長期負債 增加率을 g라고 할 때 가정에 의해 $N_{-(n-1),b} \equiv S_b$이므로

---

32) 이 方法도 減價償却費 推定에서와 같이 기존의 方法과 다른 것이다. 기존의 方法은 滿期 償還되는 長期負債를 제외하고도 전 연도에 비해 長期負債가 증가하였을 경우에 이를 長期負債의 新規發行으로 간주한다. 물론 長期負債가 감소하였다면 早期償還이 있었던 것으로 간주한다. 결국 기존의 方法은 이전에 발행된 長期負債를 過大推定하는 경향이 있게 되고 따라서 資本利得도 過大推定된다. 우리나라의 長期負債는 滿期가 짧은 편이기 때문에 滿期構造를 推定하는 方法에 따라서 資本利得의 크기가 크게 달라지므로 이러한 점들이 간과되어서는 안 된다.

$$S_b + L_b \equiv \sum_{j=0}^{n-1} N_{b-j,\,b} = N_{b,\,b} + S_b + \sum_{j=1}^{n-2} N_{b-1,\,b}\left(\frac{1}{1+g}\right)^{j-1}$$

이 성립한다. 따라서 b기 직전연도에 발행된 長期負債는

(2.11)

$$N_{b-1,\,b} = \frac{L_b - N_{b,\,b}}{\sum_{j=1}^{n-2}\left(\frac{1}{1+g}\right)^{j-1}} = (L_b - N_{b,\,b})\left[\frac{g}{(1+g)-(1+g)^{2-n}}\right]$$

이 되고 그 이전에 발행된 長期負債는

(2.12) $$N_{b-j,\,b} = N_{b-1,\,b}\frac{1}{(1+g)^j} \quad \text{for } 2 \leq j \leq n-2$$

이 된다.

　b기 이후의 滿期構造는 다음과 같이 구한다. 우선 規模調整比率인 λ_t를 정의한다.

$$\lambda_t \equiv \frac{(L_t + S_t - N_{t,\,t})}{(L_{t-1} + S_{t-1} - N_{t-(n-1),\,t-1})}$$

　$\lambda_t < 1$인 경우는 長期負債의 滿期 以前 償還이 발생한 경우이고 $\lambda_t > 1$인 경우에는 기업의 引受合倂이 있어서 長期負債가 추가된 경우이다. 早期 償還 혹은 引受合倂으로 추가된 長期負債의 滿期構

62

造는 이 기업의 기존 長期負債의 것과 같다고 가정하였으므로 λ_t 에 의해 長期負債의 規模가 調整된다면

$$(2.13) \quad N_{t-j,t} = \lambda_t \, N_{t-j-1,t-1} \quad \text{for } j = 1, \ldots, n-1$$

이 t기의 滿期別 長期負債이다. 新規發行된 長期負債 $N_{t,t}$와 殘餘滿期가 가장 짧은 $N_{t-(n-1),t}$는 이미 財務諸表로부터 주어져 있으므로 전 기간에 걸쳐서 長期負債의 滿期構造를 구할 수 있다.

利子率 變動에 따른 調整을 거친 후 t기 長期負債의 殘餘滿期別 市場價値를 구하는 과정은 다음과 같다. CPI_t를 t기의 消費者 物價指數라 하고 $MVN_{t-j,t}$를 t-j기에 발행되어 t기에 남아 있는 長期負債의 市場價値라고 하자. 우선 利子率의 變動을 調整하면 $N_{t-j,t}$의 t기 가치는 다음과 같다.

$$N_{t-j,t} \left[\frac{r_{t-j}}{(1+r_t)} + \frac{r_{t-j}}{(1+r_t)^2} + \cdots + \frac{(1+r_{t-j})}{(1+r_t)^{n-j}} \right], \text{ for } j = 1, \ldots, n-1$$

즉 $N_{t-j,t}$는 t-j기에 발행되었으므로 이자는 r_{t-j}만큼 지급된다. 하지만 t기에는 利子率이 변하여 r_t가 되었으므로 이 負債의 現在 割引價値를 구하기 위해서는 r_t로 할인해 주어야 한다. 이 식을 정리하면 $MVN_{t-j,t}$는

(2.14)

$$MVN_{t-j,t} = N_{t-j,t}\left[\frac{r_{t-j}}{r_t}\left(1 - \frac{1}{(1+r_t)^{n-j}}\right) + \frac{1}{(1+r_t)^{n-j}}\right]$$

$$\text{for} \quad j=1,\cdots n\text{-}1$$

이 된다.

따라서 t기 長期負債의 市場價値 MVL_t은 모든 滿期에 대해서 $MVN_{t-j,t}$를 더한 값이 된다.

(2.15) $\quad MVL_t = \sum_{j=0}^{n-1} MVN_{t-j,t}$

한편 長期負債에 대한 資本利得 CGL_t은 t기의 長期負債와 인플레이션이 調整된 t-1기의 長期負債의 차액이므로

(2.16) $\quad CGL_t = \sum_{j=1}^{n-1}\left(MVN_{t-j,t} - \lambda_t \frac{CPI_t}{CPI_{t-1}} MVN_{t-j-1,t-1}\right)$

$$\text{where} \quad \lambda_t = 1 \quad \text{if} \quad \lambda_t > 1$$

이 된다.

(2.16)에 의해 계산된 長期負債에 대한 資本利得은 收益의 증가이므로 法人稅率을 적용할 때 그만큼 租稅를 納付하는 것으로 보아야 한다. 따라서 法人稅率에 대한 調整을 거친 收益 調整額을 收益의 帳簿價値에서 차감함으로써 調整된 企業收益을 구한다.

2.4 土地와 金融資産에 대한 資本利得 推定[33)]

土地와 金融資産으로 인한 賃貸料, 配當, 利子 所得은 損益計算書에 반영되어 企業收益에 포함되지만 資本利得이나 資本損失은 賣買가 이루어지지 않는 이상 企業收益에 포함되지 않는다. 따라서 인플레이션이 있는 경우 일반적으로 土地에 대해서는 資本利得이 발생하고 金融資産에 대해서는 資本損失이 발생한다는 점을 감안한다면 帳簿上의 收益은 企業의 經濟的 收益을 過大評價 혹은 過小評價하게 될 것이다.

企業收益을 推定하는 데 있어서 土地와 金融資産이 특히 중요한 이유는 이들의 비중이 대단히 높기 때문이다. 우리나라 기업들이 많은 土地를 보유하고 있다는 것은 널리 알려진 사실이며 規模로 볼 때 長期金融資産의 보유도 土地 보유와 거의 비슷한 水準이다.

非金融法人이 金融資産을 보유하는 이유는 다양한데 預金의 경우 흔히 拘束性 兩建預金(compensating balance)이 원인으로 지적되고 있다. 債券의 경우 제도적으로 반드시 매입해야 하는 것—예를 들어 添加消化 債券인 國民住宅債券—이 많으며 株式의 경우는 계열사 관계 유지를 위한 相互 出資가 큰 비중을 차지하고 있다.

---

33) 이미 언급했던 바와 같이 土地와 金融負債, 金融資産에 대한 資本利得과 資本損失은 未實現된(unrealized) 것이었다고 하더라도 收益으로 간주한다. 이는 Haig-Simon의 所得 槪念에 따른 것으로 이 槪念은 부분적으로 企業會計에 반영되어 있는 편이다. 예를 들어 資産再評價差益, 金融資産에 대한 評價益과 評價損이 그러한데 우리나라의 企業會計基準에 따르더라도 이 項目들은 모두—실제로는 過小評價되고 있다고 하더라도—課稅의 대상이 되는 收益이다

따라서 非金融法人의 경우 金融資産이라고 하더라도 순수한 投資
目的에 의한 것으로 보기는 어렵다.34)

　土地와 金融資産에 대한 資本利得 혹은 資本損失을 企業收益에
포함시킬 경우 그에 따른 효과가 대단히 클 것으로 보는 본질적인
이유는 土地에 대한 賃貸料 收益率(rent-price ratio)과 株式에 대
한 配當 收益率(dividend-price ratio)이 대단히 낮았기 때문이다.35)
土地의 賃貸料 收益率은 80년대 이후 1%에도 미치지 못하였으며
株式의 配當收益率도 80년대 중반 이후 꾸준히 하락하여 90년대에
는 1~2%에 불과하다. 賃貸料 收益率과 配當收益率이 대단히 낮다
는 것은 土地와 株式으로부터 얻는 收益의 거의 대부분이 資本利

---

34) 非金融法人이 보유하고 있는 長期金融資産은 投資資産과 其他資産의
　　여러 項目에 나뉘어져 있다. 이 중에서 長期性 預金, 特定 現金과 預
　　金은 拘束性 兩建預金의 성격이 강한 것으로 알려져 있으며 貸與金
　　은 계열사 간의 내부자 거래의 성격이 강한 것으로 알려져 있다. 退
　　職保險 預置金은 退職給與 充當金을 운용하기 위한 項目이며 關係會
　　社 有價證券과 出資金은 전형적인 相互出資에 해당된다. 따라서 非金
　　融法人이 投資 收益을 目的으로 長期金融資産을 보유한다면 이에 해
　　당되는 項目은 投資有價證券뿐이다. 그러나 企業會計基準의 定義야
　　어떠하든 간에 投資有價證券 모두가 投資收益을 目的으로 보유되는
　　것은 아닐 것이다. 왜냐하면 相互出資라고 하더라도 關係會社 有價證
　　券의 기준이 대단히 까다롭기 때문에 불가피하게 投資有價證券으로
　　분류되는 경우가 많기 때문이다.
35) 여기에서 말하는 賃貸料 收益率은 損益計算書의 賃貸料를 土地市價로
　　나누어 준 값이다. 기업이 보유하고 있는 土地 중에는 기업 자신이
　　이용하고 있는 것이 훨씬 더 많을 것이기 때문에 이들 土地에 대해
　　'받아야 할' 賃貸料를 포함시킨다면 정확한 의미에서의 賃貸料 收益率
　　은 더 커질 것이다. 하지만 기업 자신이 이용하고 있는 土地에 대해
　　발생하는 '받아야 할' 賃貸料와 '지급해야 할' 賃貸料는 서로 상쇄될
　　것이기 때문에 損益計算書에는 보고되지 않는다. 따라서 財務諸表를
　　이용할 경우 土地에 대한 정확한 賃貸料 收益率을 구하기는 힘들다.

得이라는 것을 의미한다. 따라서 이들 資産의 資本利得을 포함시키지 않는다면 企業收益은 크게 過小評價될 것이다.

이미 언급한 바와 같이 非金融法人의 경우 각종 金融資産에 대한 資本利得 혹은 資本損失을 별도로 推定한다. 銀行의 경우에도 長期貸出金에 대한 資本損失과 有價證券에 대한 資本利得 혹은 資本損失을 별도로 推定한다.

非金融法人이 보유하고 있는 金融資産에는 預金, 債券과 株式이 모두 포함되어 있다. 滿期가 1년 이상인 預金으로는 投資資産 중 長期性 預金, 其他資産 중 退職保險 預置金과 特定現金預金의 預金이다. 特定現金預金의 경우 1/5은 現金이고 나머지는 모두 預金이라고 가정한다. 또한 債券으로는 投資資産 중 投資有價證券, 其他資産 중 長期性 받을어음과 長期貸與金을 포함시킨다. 投資有價證券에는 株式도 포함되어 있으므로 1/3은 株式이고 나머지는 모두 債券이라고 가정한다.

인플레이션하에서는 預金과 債券의 경우 資本損失의 발생이 일반적이다. 이들에 대한 資本損失은 위에 설명된 바 있는 長期負債에 대한 資本利得과 같은 方法에 의해서 推定된다. 다만 非金融法人의 경우 이들 資産은 長期資産이라고 하더라도 滿期가 2년을 넘지 않는다고 판단하여 滿期 2년으로 가정한다. 預金의 경우 市中銀行의 1년 이상 2년 미만의 長期預金金利를, 債券의 경우는 會社債 收益率을 이용하며 인플레이션의 調整에는 消費者 物價指數를 이용한다.

銀行의 경우 長期貸出金과 債券에 대한 資本損失은 위에 설명된 바 있는 長期負債에 대한 資本利得과 같은 方法에 의해서 推定된

다. 銀行의 경우 長期貸出金은 '銀行經營統計'의 長期貸出比率을 이
용하여 長期貸出金을 계산하고 有價證券 중에서 國公債, 社債를 포
함시킨다. 長期貸出金의 滿期는 3년으로 가정하며 國公債와 社債의
滿期도 3년으로 가정한다. 長期貸出金의 경우 '企業經營分析'에 보
고되는 借入金 平均金利, 國公債의 경우는 '調査統計月報'와 '資本
市場年報'에 보고된 國公債 收益率, 社債의 경우에는 '調査統計月
報'에 보고된 會社債 收益率을 이용하며 인플레이션의 調整에는 消
費者 物價指數를 이용한다.

　土地와 株式의 경우 資本利得의 발생은 長期負債의 경우와 다르
기 때문에 아래와 같은 方法에 의해 資本利得을 推定한다. 우선 土
地는 有形固定資産 중 土地만을 고려하며 株式의 경우는 投資資産
중 投資有價證券, 關係會社 有價證券과 關係會社 出資金을 포함시
키되 投資有價證券의 경우 1/3만이 株式이라고 가정한다. 土地의
경우 價格指數는 土地價格指數를, 株式의 경우 綜合株價指數와 이
기업의 株價를 이용한다.36) 關係會社의 株價는 이 기업의 株價와
유사한 움직임을 보일 것이라고 판단하여 이 기업의 株價 變動과
綜合株價指數 變動의 평균을 적용하고 投資有價證券의 株價는 綜
合株價指數만을 적용한다.

　이하에서는 土地와 株式의 資本利得을 推定하는 方法을 설명한
다. 이를 위해서 다음과 같은 가정이 필요하다. 첫째로 각 資産의
매입과 매도는 市價로 이루어지기 때문에 貸借對照表의 資産 純增

---

36) 土地價格指數는 建設交通部에 발행되는 '地價動向' 자료를 이용하였는
　　데 이 자료는 1988년에 표본 추출의 방식이 바뀌는 등 변화를 겪었기
　　때문에 다소 일관성을 잃고 있다는 점을 부인할 수 없다.

加(혹은 純減少)는 각 연도의 市場價値라고 가정한다. 둘째로 시작 연도와 資産再評價年度의 資産 純增加(혹은 純減少) 比率은 이 두 기를 제외한 전 기간의 純增加(혹은 純減少) 比率의 평균과 같다고 가정한다.

土地와 株式은 모두 資産再評價의 대상이 되는 資産이므로 資産再評價年度의 資産價値를 이용하여 표본 기간 동안의 市場價値와 資本利得을 推定하기로 한다. 즉 資産再評價年度 資産의 帳簿價値는 市場價値이므로 資産再評價年度 이전과 이후 연도의 市場價値는 資産 純增加(혹은 純減少)를 고려할 때 資産價格 變動에 대해서만 調整하면 각 연도의 市場價値를 구할 수 있다.

가장 먼저 각 연도의 資産 純增加(혹은 純減少)를 구한다. $Asset_t$를 資産의 帳簿價値, $DAsset_t$를 資産 純增加라고 하자. 최초의 연도와 資産再評價年度인 y기를 제외한 1기부터 마지막 N기까지의 資産 純增加는

$$DAsset_t = Asset_t - Asset_{t-1} \quad \text{for} \quad t=1,\cdots,\ y\text{-}1,\ y\text{+}1,\cdots N$$

이 된다. 또한 資産再評價年度의 資産 純增加 比率은 資産再評價年度를 제외한 전 기간의 純增加 比率의 평균 $DRate$과 같다고 가정하였으므로 資産再評價年度의 資産純增加는 다음과 같다.

$$DAsset_y = \frac{1}{N-1} \left(\sum_{t=1}^{y-1} \frac{DAsset_t}{Asset_{t-1}} + \sum_{t=y+1}^{N} \frac{DAsset_t}{Asset_{t-1}} \right) \times Asset_{y-1}$$

$$\equiv DRate \times Asset_{y-1}$$

시작연도를 b기라고 할 때 b기 資産의 帳簿價值가 어느 연도의 資産價格에 의해 표시되어 있는지를 알 수는 없지만 b기 이후의 資産 純增加는 각 연도의 市場價值이므로 각 연도의 資産價格에 의해 표시되어 있다. 따라서 b기 이후 資産再評價年度까지의 資産 純增加를 각 연도의 資産價格에 대해 調整하여 더하면 누적된 資産 純增加의 資産再評價年度 市場價值를 구할 수 있다.

즉 API_t를 t기의 資産價格이라고 할 때 시작연도 이후부터 資産再評價年度까지 누적된 資産 純增加의 資産再評價年度 市場價值는

$$\sum_{t=1}^{y} \frac{API_y}{API_t} DAsset_t$$

이 된다.

누적된 資産 純增加의 資産再評價年度 市場價值를 資産再評價年度의 資産 帳簿價值에서 차감하면—資産再評價年度의 資産 帳簿價值는 市場價值이므로—b기 資産의 資産再評價年度 市場價值를 얻게 된다. 즉 b기 資産의 資産再評價年度 市場價值 $IAsset$는 다음과 같다.

$$IAsset = Asset_y - \sum_{t=1}^{y} \frac{API_y}{API_t} DAsset_t$$

b기 資産의 資産再評價年度 市場價値를 구했으므로 이를 시작연도와 資産再評價年度 간의 資産價格 變動에 대해 역으로 調整하면 시작연도의 資産價格으로 평가된 시작연도 資産의 市場價値 $MVAsset_b$를 구하게 된다.

$$(2.17) \quad MVAsset_b = \frac{API_b}{API_y} IAsset$$

$$(2.18) \quad CGAsset_b = (\frac{API_b}{API_{b-1}} - \frac{CPI_b}{CPI_{b-1}})MVAsset_{b-1}$$

$$= (\frac{API_b}{API_{b-1}} - \frac{CPI_b}{CPI_{b-1}})\frac{MVAsset_b}{(1+DRate)}$$

b기의 資本利得 $CGAsset_b$은 b기 이전의 資産 帳簿價値를 알고 있어야 하는데 이는 최초 연도의 資産 純增加(혹은 純減少) 比率이 전 기간의 純增加 比率의 평균 $DRate$과 같다는 가정을 이용해 구한 것이다.

시작연도 이후 資産의 市價 $MVAsset_t$과 資本利得 $CGAsset_t$은 아래와 같은 방식에 의해 구한다.

$$(2.19) \quad MVAsset_t = \frac{API_t}{API_{t-1}} MVAsset_{t-1} + DAsset_t$$

$$(2.20) \quad CGAsset_t = (\frac{API_t}{API_{t-1}} - \frac{CPI_t}{CPI_{t-1}})MVAsset_{t-1}$$

이상에서 推定한 土地와 각종 金融資産에 대한 資本利得 혹은 資本損失을 法人稅率에 대해 調整한 후 帳簿上의 收益에 더하면 收益의 市場價値를 얻을 수 있다. 물론 資本利得이 발생하였다면 收益으로 간주되어 租稅를 納付한 후 收益의 帳簿價値에 더해져야 하며 資本損失이 발생하였다면 費用으로 간주되어 租稅를 還給받은 후 收益의 帳簿價値에서 빼 주어야 한다.

第3節 株式 投資收益率에 의한 方法

財務諸表에 의해 自己資本收益率을 推定하는 方法은 資本費用이나 토빈 q의 推定에서도 이미 널리 이용되어 왔다. 이 方法은 會計資料로부터 직접 自己資本收益率을 推定하는 것이기 때문에 株式市場의 效率性을 가정할 필요는 없다. 또한 企業收益의 여러 요소들을 구분하여 推定할 수 있기 때문에 각 요소들의 중요성을 평가할 수 있고 時期別 分析, 橫斷面 比較가 가능하다는 점도 장점이다.

하지만 財務諸表를 이용한 方法은 推定過程이 복잡할 뿐만 아니라 附加的인 假定이 많이 필요하다는 단점이 있다. 게다가 기초자료인 財務諸表의 信賴性이 결정적으로 중요한 전제가 되고 있는만큼 이 方法에 의한 推定 結果는 비교 평가되어야 하리라고 본다.

株式 投資收益率에 의한 自己資本收益率의 推定은 株式市場의 效率性을 가정하고 있다. 株式市場이 效率的이라면 株式 投資者들은 企業收益의 흐름을 정확히 파악하여 행동하게 되므로 株式價格은

정확한 收益의 흐름을 반영하게 된다. 즉 財務諸表에 의해 推定된 收益의 흐름조차도 投資者들은 이미 파악하여 행동하였을 것이므로 이 方法은 훨씬 더 간단한 方法에 의해 自己資本收益率을 推定하는 것이 된다. 게다가 株式 投資者들은 財務諸表 이상의 정보를 이용할 수 있기 때문에 株式市場이 效率的이기만 하다면 株式 投資收益率에 의한 方法은 財務諸表를 이용한 方法에 비해 더 우월하다.

하지만 株式市場이 과연 效率的인가 하는 문제는 미국에서도 비판적으로 검토되어 온 어려운 문제이고 특히 우리나라의 株式市場이 效率的이라고 확신하기는 쉽지 않다. 또한 株式 投資收益率은 變動性이 대단히 심하기 때문에 그것으로부터 自己資本收益率에 대한 분석과 평가를 하기에는 어려운 점이 있다. 게다가 이상의 문제점 이외에도 株式 投資收益率의 개념은 기존 自己資本收益率의 개념과 뚜렷한 차이가 있다.

첫째로 調整된 自己資本收益率이 당해연도의 企業收益만을 반영하는 데 비해 株式 投資收益率은 미래 企業收益의 흐름에 대한 예상을 반영한다. 이는 株式價格이 미래 企業收益의 흐름에 대한 예상에 기초해서 결정되기 때문이다. 따라서 당해연도의 企業收益은 낮은 편이었지만 '당해연도 이후'부터 企業收益의 흐름이 높아질 것이라고 예상된다면 이 企業 株式의 投資收益率은 높아진다. 반면에 財務諸表 接近法에 의해 調整된 이 기업의 自己資本收益率은 당해연도의 收益만을 반영할 뿐이므로 株式 投資收益率보다는 낮은 값을 보여야 할 것이다.

둘째로 調整된 自己資本收益率과 달리 株式 投資收益率은 無危險 利子率과 危險 프레미엄(risk premium)을 포함한다. 이는 株式

投資者들이 미래 企業收益의 흐름에 대한 예상치를 할인하여 株式 價格을 결정할 때 危險 프레미엄이 포함된 割引率을 이용하기 때문이다. 따라서 企業收益의 흐름이 동일하게 예상되었다고 하더라도 危險이 큰 기업의 株式 投資收益率은 危險이 작은 기업의 것보다 더 높아야 한다. 반면에 財務諸表 接近法에 의해 구한 自己資本收益率에는 危險 프레미엄이 포함되어 있지 않으므로 두 가지 測定值는 엄밀하게 구분되는 개념이다.

결국 財務諸表 接近法에 의해 調整된 自己資本收益率과 株式 投資收益率은 모두 기업활동의 收益性을 평가하기 위한 測定值로서 유효한 것이지만 이 두 가지 測定值를 비교하기 위해서는 위에 설명된 차이점들이 충분히 고려되어야 한다. 하지만 두 測定值의 차이점으로부터 얻을 수 있는 함의도 작지는 않다. 調整된 自己資本收益率과 달리 株式 投資收益率은 企業收益의 成長 展望과 危險의 크기를 반영하므로 두 가지 測定值를 비교할 경우 株式市場이 평가하는 危險이 調整된 企業收益의 成長 展望을 간접적으로 파악할 수 있게 될 것이다.

따라서 본 研究는 財務諸表에 의한 方法과 株式 投資收益率에 의한 方法을 모두 이용하여 自己資本收益率을 推定하고자 한다. 두 가지 方法에 의해 推定된 自己資本收益率의 測定值로부터 自己資本收益率의 퍼즐을 조명하여 보고 동시에 두 가지 測定值를 비교하고자 한다. 이 두 가지 測定值의 차이는 본질적으로 株式市場의 效率性에 대한 가정에서 비롯된 것인 만큼 이들의 비교 평가는 株式市場의 效率性에 대한 檢證의 작업이 될 것이다.

74

　株式 投資收益率은 配當과 資本利得을 연초의 普通株 價値 總額으로 나누어 준 값으로 정의한다. 配當은 普通株에 대해 지급된 配當金 총액이고 資本利得은 연말의 普通株 價値 總額에서 연초의 普通株 價値 總額을 차감한 것으로 정의한다. 우리나라 기업의 경우 現金配當과 함께 株式配當도 큰 비중을 차지하고 있는데 株式配當은 위에서 계산된 資本利得에 포함될 것이다.

　資本利得의 계산에서 有償增資를 통한 新株 發行은 제외되어야 한다. 이를 위해서 우선 財務諸表上의 有償增資가 年末 株價에 의해 계산된 것으로 가정한다. 韓信評의 자료에는 有償增資가 보고되어 있기 때문에 資本利得 總額에서 有償增資를 제외하면 기존의 주주들에 대한 資本利得만을 구할 수 있다.

　따라서 株式 投資收益率을 이용하여 推定하는 自己資本收益率은 다음과 같다.

$$(2.20) \quad ROE_t \equiv \frac{Div_t + (MVE_t - MVE_{t-1}) - PO_t}{MVE_{t-1}}$$

여기에서 ROE_t는 自己資本收益率, MVE_t는 普通株 市場價値 總額, Div_t는 普通株에 지급되는 現金配當 總額, PO_t는 有償增資 總額이다.

　하지만 (2.20)식으로부터 구한 株式 投資收益率은 앞에서 구한 바 있는 財務諸表 調整에 의해 구한 自己資本收益率과 분모의 測定 時點이 다르다. 즉 自己資本收益率의 분모는 年末의 自己資本 市價인 반면에 投資 收益率의 분모는 年初에 계산된 것이다. 따라서 이 두 測定值를 비교하기 위해서는 測定 時點을 일치시킬 필요가 있다. 第4章에서는 年初의 市價 對比 投資收益率과 年末의 市價 對比 投資收益率을 모두 보고하기로 한다.

　이상의 方法에 의해 測定된 株式 投資收益率을 통해 自己資本收益率의 퍼즐을 설명하고자 한다. 또한 이미 언급한 바와 같이 財務諸表를 이용한 自己資本收益率의 推定值도 이용함으로써 自己資本收益率 퍼즐을 해결하기 위한 두 가지 평가기준을 가지게 된 셈이다. 이를 통해 두 測定值의 단점을 상호 보완할 수 있을 것이며 두 가지 自己資本收益率의 測定值를 비교함으로써 株式市場의 效率性에 대한 제한적인 檢證을 시도할 수도 있을 것이다.

〈附錄〉 非金融法人과 銀行의 財務諸表 要約

[附表 2.1] 非金融法人의 貸借對照表

資産	負債 / 資本
流動資産	流動負債
當座資産	外上買入金
在庫資産	支給어음
其他流動資産	短期借入金
固定資産	未支給金
投資資産	未支給費用
長期性預金	流動性 長期負債
投資有價證券	流動性長期借入金
關係會社有價證券	流動性外貨長期借入金
出資金	流動性社債
其他資産	固定負債
長期貸與金	社債
特定現金과 預金	長期借入金
退職保險預置金	外貨長期借入金
其他資産	負債性 充當金
有形固定資産	退職給與 充當金
土地	
建物	
構築物	資本
機械裝置	資本金
車輛運搬具	普通株 資本金
工具와 機具	優先株 資本金
備品	資本剩餘金
無形固定資産	利益剩餘金
移延資産	資本調整

[附表 2.2] 非金融法人의 損益計算書

과	목
賣出額	營業外 收益
賣出原價	收入利子와 割引料
賣出 總利益	收入配當金
	有價證券 處分利益
販賣 및 一般 管理費	收入賃貸料
人件費	收入手受料
給料와 賃金	外換差益
諸手當	營業外 費用
賞與金	支給利子와 割引料
退職給與 充當金 轉入額	社債利子
退職金	有價證券 處分損失
福利厚生費	寄附金
一般管理費	外換差損
旅費交通費	資産評價損失
通信費	經常利益
水道·光熱費	
稅金과 公課	特別利益
支給賃借料	特別損失
減價償却費	法人稅 差減前 純利益
修繕費	
保險料	法人稅 등
消耗品費	當期純利益
販賣費	
營業利益	

78

[附表 2.3] 銀行의 貸借對照表

資産	負債 / 資本
資産	負債
貸出金	預受金
外貨貸出金	收入賦金
域外外貨貸出金	讓渡性預金證書
內國輸入 유산스	外貨預受金
支給保證 代支給金	域外外貨預受金
콜론	借入金
換買條件附債券買受	賣出어음
內國信用狀어음買入	外貨借入金
外上債券買入	域外外貨借入金
現金	콜머니
預置金	換買條件附債券賣渡
外貨預置金	發行金融債券
域外外貨預置金	外國換
外國換	外國換去來擔保金
有價證券	代理店
貸與有價證券	支給保證
代理店	輸入保證金
信用카드計定	外上債券未支給金
支給保證 代充	信託計定差
非業務用固定資産	充當金計定
資産處分未收金	貸損充當金
業務用固定資産	退職給與充當金
移延資産	有價證券評價充當金
未決濟換代	지로計定
外換先物 去來差	未決濟換差
	資本
	資本金
	資本剩餘金
	利益剩餘金(缺損金)
	資本調整

[附表 2.4] 銀行의 損益計算書

과	목
營業收益	營業外收益
資金運用收益	收入賃貸料
外貨利子收益	業務用 動産/不動産 賣買益
有價證券 利子收益	非業務用 動産/不動産 賣買益
有價證券 利子	償却債券 推尋益
株式 配當金	營業外費用
手受料收益	業務用 動産/不動産 賣買損
外換收入手受料	非業務用 動産/不動産 賣買損
信託報酬	非業務用 動産/不動産 管理費
其他營業收益	特殊債券 推尋費
有價證券 運用收益	特殊債券 推尋 手受料
有價證券 賣買益	
有價證券 償還益	法人稅 差減前 純利益(損失)
有價證券 評價益	
營業費用	法人稅 등
利子支給費用	
外貨支給利子	當期純利益
手受料支給費用	
營業經費	
人件費	
經費	
有價證券 關聯費用	
有價證券 賣買損	
有價證券 評價損	
有價證券 償還損	
其他費用	
外換 賣買損	
退職給與充當金 轉入額	
貸損償却	
營業利益(損失)	

第 3 章

財務諸表 調整에 의한 自己資本收益率

第2章에서 설명된 財務諸表 調整의 方法에 의해 測定된 自己資本收益率을 이용하여 우리나라 기업의 自己資本收益率이 정말로 낮았는지 혹은 높았는지를 살펴보고자 한다. 이어서 自己資本收益率에 영향을 미치는 각 項目의 效果를 비교하고 規模에 따른 效果가 있었는지도 검토한다.

財務諸表 接近法에 의해 測定된 自己資本收益率—이하에서는 '調整된 自己資本收益率'이라는 용어를 사용한다—을 보면 非金融法人과 銀行의 自己資本收益率은 시기별로 큰 변화를 보였다. 80年代에 우리나라 기업의 調整된 自己資本收益率은—美國과 日本 기업의 것보다도—높은 편이었다. 하지만 非金融法人의 調整된 自己資本收益率은 90年代에 들어오면서 급격하게 하락하였고 90年代의 平均 自己資本收益率은 2.6% 정도에 불과하였다.

물론 銀行의 경우 第2章의 方法論에 의해 測定된 90年代의 自己資本收益率은 非金融法人과 비교할 때 다소 높은 편이었다. 그러나 이 결과는 財務諸表에 보고된 不實債權 規模를 그대로 이용하였기 때문이며 실제의 不實債權 規模를 이용한다면 결과는 크게 달라질 것이다. 우리나라 銀行의 不實債權 規模를 정확히 알 수는 없기 때문에 본 硏究는 주어진 財務諸表 資料를 이용하여 그 크기를 대략적으로 추산할 때 銀行의 自己資本收益率이 어느 정도의 水準이었는지를 推定하여 본다.

90年代 非金融法人과 銀行의 自己資本收益率이 크게 하락하였다는 것은 최근의 金融危機와 관련하여 시사하는 바가 크다. 우선 90年代 非金融法人의 收益性 惡化는 營業活動에 따른 收益의 減少에 의한 것이라기보다 경직적으로 많이 保有하고 있던 土地와 株式에

大規模의 資本損失이 발생하였기 때문이었다. 반면에 銀行의 收益性 惡化는 非金融法人과는 달리 주로 營業利益의 減少에 그 원인이 있었다. 따라서 최근의 金融危機를 타개하기 위한 장기적인 대책도 이러한 관찰에 근거하여 수립되어야 할 것이다.

調整된 自己資本收益率이 帳簿價値에 의한 自己資本收益率과 큰 차이를 보여 왔던 것은 우리나라 기업의 특이한 資産構成과 높은 負債比率, 그리고 높은 인플레이션 때문이었다. 전 기간에 걸쳐서 非金融法人의 自己資本收益率에 가장 중요한 영향을 미쳐 왔던 요인은 인플레이션에 따른 減價償却費와 在庫費用의 증가였다. 이들의 效果는 인플레이션이 높았던 80年代 초반에 가장 컸고 80年代 중반 이후 크게 감소하여 왔지만 여전히 가장 큰 比重을 차지하고 있다.

우리나라 非金融法人의 資産構成에서 가장 특이한 것은 土地와 金融資産, 특히 株式의 比重이 크다는 점이다. 90年代 초반까지만 하더라도 土地는 自己資本收益率을 상승시키는 요인으로 작용하였지만 92년 이후는 土地價格의 하락과 정체로 인해 기업은 큰 損失을 입게 되었다. 우리나라 非金融法人이 保有하고 있는 長期金融資産의 規模는 市價를 기준으로 할 때 土地의 規模와 비슷하다. 이 중에서도 株式은 價格 變動이 대단히 컸기 때문에 80年代 중반 이후 非金融法人의 自己資本收益率 變動은 거의 株式에 대한 資本利得 혹은 資本損失에 의해 좌우되어 왔다. 株式은 주로 相互出資의 성격을 지니고 있기 때문에 그 規模가 신축적으로 調整되지 않는 특징이 있다. 따라서 앞으로도 非金融法人의 自己資本收益率은 株式價格의 變動에 의해 결정적으로 좌우될 것으로 예상된다.

　銀行이 非金融法人과 다른 가장 큰 특징은 減價償却費와 在庫費用이 없다는 점, 그리고 退職給與 充當金 轉入額의 比重이 컸다는 점이다. 이 두 가지 특징은 모두 自己資本收益率을 높이는 역할을 하기 때문에 銀行의 調整된 自己資本收益率은 非金融法人의 것에 비해 상대적으로 높은 것으로 나타났다.

　非金融法人의 경우 自己資本收益率에 가장 큰 영향을 미쳤던 요인이 減價償却費와 在庫費用이었던 것과 마찬가지로 銀行의 경우 自己資本收益率에 가장 큰 영향을 미쳤던 요인은 純長期負債에 대한 資本利得이다. 長期預受金에 대한 資本利得과 長期貸出金에 대한 資本損失의 차이로 정의되는 純長期負債에 대한 資本利得은 80年代 초반에 대단히 큰 規模였다가 80年代 중반 이후 낮아져서 96년까지 안정적인 水準을 유지하였지만 銀行의 收益性을 지탱해 주는 가장 중요한 요인이다.

　물론 銀行이 預貸業務를 통해 높은 收益을 올렸다고 단정하기는 힘들다. 일반적으로 알려진 것보다 不實債權의 規模가 클 것으로 보이기 때문이지만 그 크기를 정확히 알 수는 없기 때문에 그 效果를 논의하기 힘든 것도 사실이다. 다만 過小評價되었다고 알려진 不實債權의 規模를 통해 이 項目의 중요성을 지적하고자 한다.

　한편 銀行의 경우 土地의 역할은 작은 편이었으며 有價證券에 대한 資本利得 혹은 資本損失이 더 중요한 역할을 하였다. 이 項目은 주로 株式價格의 變動에 의존하였는데 적어도 80年代 중반 이후 銀行의 自己資本收益率 變動은 거의 대부분 有價證券에 대한 資本利得과 資本損失에 의해 설명될 수 있는 것이었다.

　非金融法人의 경우 規模에 따라 自己資本收益率의 차이가 있었는지도 중요한 관심사이다. 標本企業을 規模에 따라 3집단으로 분류하였을 때 規模가 작은 기업의 調整된 自己資本收益率은 規模가 큰 기업의 것보다 더 높았다. 規模에 따른 自己資本收益率의 차이는 營業活動에 따른 收益의 차이와 減價償却費, 在庫費用의 차이에 그 원인이 있다.

　하지만 그렇다고 해서 規模가 큰 기업일수록 固定資本과 在庫를 더 많이 保有하였던 것은 아니다. 資産市價 對比를 기준으로 할 때 固定資本과 在庫는 規模와 관계없이 비슷한 것으로 나타났다. 하지만 規模가 큰 기업일수록 負債比率이 더 높았기 때문에 資本市價 對比 固定資本과 在庫의 比重은 오히려 規模가 큰 기업일수록 더 높았다. 따라서 減價償却費와 在庫費用이 自己資本收益率에 미치는 效果는 規模가 큰 기업에게서 훨씬 더 크게 나타났던 것이다. 規模가 큰 기업의 경우 높은 負債比率로 인해 각 資産 項目의 效果가 훨씬 더 증폭되었던 것은 株式이나 土地 등 모든 項目에 대해 공통적이다.

　規模에 따른 차이 중에서 가장 주목할 만한 것은 規模가 큰 기업일수록 주로 株式과 土地 保有로 인한 收益에 크게 의존하였고 規模가 작은 기업일수록 營業活動에 따른 收益에 크게 의존하였다는 점이다. 이러한 유형의 차이는 90年代 우리나라 非金融法人의 收益性 惡化를 설명하는 중요한 단서이다. 90年代 規模가 큰 기업의 收益性 惡化는 주로 土地와 株式 保有로 大規模의 損失을 입었기 때문이며 規模가 작은 기업의 收益性 惡化는 土地와 株式 保有로 인한 損失과 함께 營業活動에 따른 收益의 減少에 그 원인이 있었다.

　가장 먼저 第1節에서는 財務諸表 接近法에 의해 구한 自己資本收益率을 이용하여 실제로 우리나라 企業의 自己資本收益率이 어느 정도의 水準이었는지, 그리고 80년 이후 어떠한 推移를 보여 왔는지를 평가하게 될 것이다. 第2節에서는 우리나라 企業의 自己資本收益率에 영향을 미치는 각 項目들의 效果를 비교한다. 이 작업은 財務諸表 接近法에 의해 推定된 각 項目들의 效果를 기초로 하여 진행될 것인데 주요한 要因은 減價償却費와 在庫費用, 土地, 金融資産과 負債의 資本利得 혹은 資本損失이다. 第3節에서는 自己資本收益率에 規模의 效果가 있었는지를 검토한다. 規模에 따라 自己資本收益率의 水準과 각 項目의 效果에 차이가 있었는지를 평가한다.

第1節　自己資本收益率의　推移

　여기에서는 測定 結果를 기초로 하여 自己資本收益率의 推移를 살펴보고자 한다. 기업은 크게 非金融法人과 銀行으로 구분하고 각각에 대해서 單純平均된 自己資本收益率을 이용한다. 非金融法人의 경우 調整된 自己資本收益率이 특이하게 높았거나 혹은 낮았던 기업—調整된 自己資本收益率이 100% 이상 혹은 −100% 이하인 기업—들은 제외하였는데 이렇게 계산된 自己資本收益率의 單純平均은 自己資本의 市場價值를 가중치로 하여 계산된 加重平均 自己資本收益率과 큰 차이를 보이지 않았다. 銀行의 경우 특이한 自己資本收益率을 보인 기업이 없었으므로 14개 銀行 모두의 單純平均을 이용한다.

1.1 非金融法人의 自己資本收益率

調整된 自己資本收益率(ROE)은 財務諸表 接近法에 의해 調整된 年末 收益을 年末의 自己資本 市場價値—資産의 調整된 市場價値에서 負債의 調整된 市場價値를 빼 준 값으로 정의—로 나누어 계산된 값이다. 이때 自己資本收益率은 稅後 槪念으로 정의한다. 따라서 費用의 증가로 간주되는 調整額의 경우 租稅 還給額을 계산해서 收益에 더해 주어야 하며, 收益의 증가로 간주되는 調整額의 경우 租稅 納付額을 계산해서 收益에서 빼 주어야 한다. 이때 적용되는 法人稅率은 남주하, 조장옥(1996)이 이용한 바 있는 法定法人稅率이다.

우리나라 企業會計基準으로부터 企業의 經濟的 收益을 계산할 때 중요하게 고려해야 할 項目들이 있다. 첫째로 損益計算書의 販賣 및 一般 管理費 項目에서 費用으로 처리되고 있는 退職給與 充當金 轉入額[37]을 들 수 있다. 이 項目은 실제로 지출되는 費用이 아니기 때문에 費用에 포함시켜야 할 이유는 없으므로 그만큼 企

---

37) '退職給與 充當金'은 종업원의 퇴직 시 지급되는 退職金을 예상하여 설정되는 準備額—企業會計基準에 따르면 會計年度末 전 임직원이 퇴직한다고 가정할 때 지급해야 할 退職金에 상당하는 금액—이다. 우리나라에서 退職給與 充當金은 負債로 간주되어 貸借對照表의 固定負債 項目에 포함되며 退職給與 充當金으로 轉入되는 '退職給與 充當金 轉入額'은 損益計算書에서 費用으로 처리된다. 하지만 退職給與 充當金 轉入額이 費用으로 처리될 이유는 없다. 退職給與 充當金 轉入額은 실제로 지급되는 退職金—損益計算書에는 '退職金'이라는 별도의 項目이 있다—이 아니기 때문이다. 이러한 이유 때문에 退職給與 充當金은 美國과 日本의 資本費用을 비교하였던 기존의 硏究에서도 중요하게 취급되었다.

業 收益에 더해 주어야 한다. 물론 退職給與 充當金 轉入額을 費用에서 제외한다는 것은 그만큼 收益을 증가시키는 것이므로 法人稅率에 의해 租稅 納付額을 계산하고 이를 收益에서 추가적으로 빼 주어야 한다.

둘째로 非金融法人의 경우에 營業外 費用에 포함된 有價證券 評價損과 投資資産 評價損도 費用에서 제외한다. 非金融法人의 경우 이 두 項目은 무시할 만큼 작은 規模이기 때문에 金融資産에 대한 資本利得 혹은 資本損失을 충분히 반영하고 있다고 보기 힘들다.[38] 銀行의 경우에도 營業收益과 營業費用에 포함된 有價證券 評價損益이 金融資産에 대한 資本利得 혹은 資本損失을 충분히 반영하고 있지 못한 것으로 간주하여 역시 이를 제외한다. 따라서 金融資産에 대한 資本利得 혹은 資本損失은 第2章에서 설명된 財務諸表 調整의 方法에 따라 再推定하고 이를 收益과 費用에 추가한다. 물론 이들 項目도 法人稅率에 따른 租稅 納付額과 租稅 還給額을 반영한다.

財務諸表를 이용하여 調整된 非金融法人의 自己資本收益率이

---

38) 이들 項目이 金融資産에 대한 資本利得 혹은 資本損失을 충분히 반영하고 있지 못한다고 판단한 것은 評價損의 規模가 작기 때문만은 아니다. 金融資産에 대해서는 資本損失만이 아니라 資本利得도 있었을 것이므로 당연히 評價益도 損益計算書의 營業外 利益에 반영되어 있어야 한다. 하지만 標本企業의 경우 金融資産에 대한 評價益이 보고된 기업은 하나도 없었다. 이는 우리나라 企業會計基準이 有價證券 評價에 대해서 低價主義(lower of cost or market basis)를 채택하여 왔기 때문이다. 즉 有價證券의 市價와 原價를 비교하여 더 낮은 價格을 채택하여 財務諸表를 작성하여 왔다. 하지만 1996년에 개정된 企業會計基準은 時價主義(market basis)를 채택하였으므로 앞으로는 큰 변화가 있을 것으로 예상된다.

[그림3.1]에 나타나 있다. 그림은 帳簿價値에 의해 계산된 自己資本收益率을 함께 보여주고 있는데 退職給與 充當金 轉入額을 費用에서 제외한 경우와 그렇지 않은 경우의 것이 비교되고 있다. 退職給與 充當金 轉入額이 調整된 경우의 帳簿價値에 의해 계산된 自己資本收益率은 當期純利益과 退職給與 充當金 轉入額의 합을 自己資本의 帳簿價値―資本金과 資本剩餘金, 利益剩餘金, 資本調整을 포함한다―로 나누어 준 값이며 退職給與 充當金 轉入額이 調整되지 않은 경우의 帳簿價値에 의한 自己資本收益率은 當期純利益을 自己資本의 帳簿價値로 나누어 준 값이다. 한편 [표 3.1]은 自己資本收益率에 대한 두 가지 測定值와 期間別 平均, 두 測定值의 相關係數를 보여주고 있다.

우선 帳簿價値에 의한 自己資本收益率을 기준으로 할 때 退職給與 充當金 轉入額 調整의 效果를 보면 그 크기가 작지 않음을 알 수 있다. 退職給與 充當金 轉入額을 費用에서 제외한 경우와 그렇지 않은 경우의 帳簿價値에 의한 自己資本收益率은 전 기간에 걸쳐 平均 1.34% 정도 차이가 있는 것으로 나타났다. 특히 90年代에 들어 그 차이는 증가하고 있는 것으로 나타나고 있는데 90年代에는 平均的으로 1.94%의 차이를 보이고 있다. 이와 같이 退職給與 充當金 轉入額의 調整이 非金融法人에 있어서 중요한 것은 사실이지만 이하에서 언급하게 될 銀行의 경우와 비교하면 그 크기는 더 작은 편이다.

이하에서는 退職給與 充當金 轉入額을 費用에서 제외한 경우의 帳簿價値에 의한 自己資本收益率과 財務諸表 接近法에 의해 調整된 自己資本收益率을 비교하기로 한다. 우선 帳簿價値에 의해 계산된 自己資本收益率을 보면 80年代 후반 이후 뚜렷한 하락추세를 관찰하게 된다. 80年代의 平均 自己資本收益率은 10%에 이르고 있었지만 90年代에는 크게 떨어져서 平均 5.9%에 불과하였다.

하지만 自己資本收益率의 하락추세는 調整된 自己資本收益率의 경우 더 확실해진다. 80~82년의 일부 기간을 제외하면 調整된 自己資本收益率은 80年代에 상당히 높은 水準을 유지하였던 반면에 80年代 후반 이후에는 큰 폭으로 떨어지기 시작하였고 90年代에도 하락추세는 그치지 않고 있다. 80年代 초반의 調整된 自己資本收益率이 아주 낮은 값이었음에도 불구하고 80年代의 平均 自己資本收益率은 8.1%나 되었고 반면에 90年代의 平均 自己資本收益率은 2.6%에 불과하였다.

[그림 3.1] 財務諸表 接近法에 의한 ROE(非金融法人)

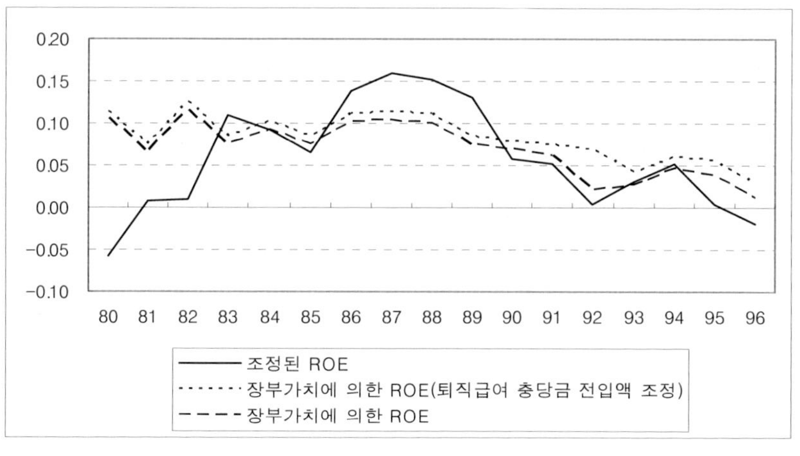

80年代 초반의 경우 調整된 自己資本收益率이 帳簿價値에 의한 比率보다 오히려 더 낮았던 것은 인플레이션으로 인해 減價償却費

와 在庫費用이 帳簿價値에 비해 훨씬 더 컸기 때문이다. 물론 이 시기에도 金融負債에 대한 資本利得은 상당히 큰 規模에 이르고 있었지만 그럼에도 불구하고 80年代 전반에는 減價償却費 市價와 在庫費用 市價가 엄청나게 큰 規模였기 때문에 金融負債에 대한 資本利得을 상쇄하고도 남았다.

반면에 80年代 중반과 후반에 調整된 自己資本收益率이 대단히 높았던 것은 이 시기에 土地와 株式의 價格이 크게 상승하여 大規模의 資本利得이 발생하였기 때문이다. 減價償却費와 在庫費用의 調整額은 시간이 지남에 따라 현저하게 감소하였고 80年代 중반에는 인플레이션이 낮고 名目利子率이 하락하였으므로 金融負債에 대한 資本利得도 그다지 크지 않았다. 따라서 이 시기에는 土地와 株式의 資本利得이 나머지 效果를 충분히 압도하였기 때문에 調整된 自己資本收益率은 帳簿價値에 의한 比率보다 훨씬 더 높았다.

[표 3.1] 財務諸表 接近法에 의한 ROE(非金融法人)

區分	帳簿價値에 의한 ROE	調整된 ROE
自己資本收益率		
80	0.114	−0.057
81	0.074	0.008
82	0.125	0.009
83	0.085	0.110
84	0.102	0.093
85	0.084	0.066
86	0.111	0.139
87	0.114	0.160
88	0.111	0.152

區分	帳簿價値에 의한 ROE	調整된 ROE
89	0.085	0.131
90	0.079	0.057
91	0.076	0.051
92	0.069	0.003
93	0.042	0.031
94	0.060	0.052
95	0.055	0.004
96	0.029	−0.020
期間別 平均		
80年代	0.100	0.081
90年代	0.059	0.026
全基間	0.083	0.058
두 測定値의 相關係數		
80年代		−0.015
90年代		0.669
全基間		0.416

주) 帳簿價値에 의한 ROE는 退職給與 充當金 轉入額을 費用에서 제외한 것임.

　90年代의 調整된 自己資本收益率은 帳簿價値에 의한 比率보다 더 낮았다. 減價償却費와 在庫費用의 調整額은 規模가 많이 작아졌다고 하더라도 여전히 큰 規模였으며 長期負債와 株式에 대한 資本利得 혹은 資本損失도 서로 상쇄되어서 規模가 그다지 크지 않았다.[39] 하지만 이 시기에 가장 큰 특징은 土地에 대한 資本利得이 감소하면서 92년 이후에는 오히려 資本損失이 발생하였다는 점

---

39) 自己資本收益率에 영향을 미치는 각 項目들에 대한 분석은 第2節에서 보다 상세하게 논의하기로 한다.

이다. 나머지 요인들의 움직임이 80年代 중/후반과 커다란 차이를 보이지 않았음에도 불구하고 土地에 대해서 꾸준히 資本損失이 발생하였기 때문에 自己資本收益率은 떨어질 수밖에 없었다.

한편 調整된 自己資本收益率은 帳簿價値에 의한 比率보다 훨씬 더 급격하게 變動하여 왔다. 帳簿價値에 의한 自己資本收益率의 전 기간 표준편차는 0.027에 불과하였던 반면에 調整된 自己資本收益率의 變動性은 심한 편이어서 전 기간 표준편차가 0.064나 되었다. 調整된 自己資本收益率의 變動性이 더 심했던 것은 우리나라의 인플레이션이 높았고 非金融法人이 土地나 각종 金融資産을 많이 保有하고 있었기 때문에 企業收益이 이들 資産의 價値變動에 크게 좌우되었기 때문이다. 第2節에서 다시 확인될 것이지만 각 項目別로 調整되어야 할 收益은 收益의 帳簿價値에 비해 훨씬 더 급변한다. 실제로 기업의 自己資本收益率이 급격하게 變動하여 왔다는 사실은 株式價格의 급격한 變動性을 암시하고 있다는 점에서 주목할 만한 일이다.

일반적으로 우리나라 非金融法人의 自己資本收益率은 80年代에는 높았고 90年代에는 낮았다고 알려져 있다. 하지만 실제의 自己資本收益率은 정도가 훨씬 심해서 80年代 중반과 후반에는 일반적으로 알려진 것보다 '훨씬 더' 높았으며 90年代에는 '훨씬 더' 낮았다.

80年代 우리나라 非金融法人의 自己資本收益率이 높았다는 사실은 利益株價比率의 國際比較를 통해서도 확인할 수 있다. 물론 利益株價比率은 企業收益을 株式市場에서 평가된 自己資本市價[40]로 나누어

---

40) 여기에서 제시된 우리나라 非金融法人의 利益株價比率은 普通株만을 대상으로 하여 계산된 값이다. 즉 自己資本市價는 普通株의 수와 年

준 값이기 때문에 自己資本收益率과는 엄밀하게 구분되어야 한다.

[그림 3.2] 利益株價比率의 國際比較

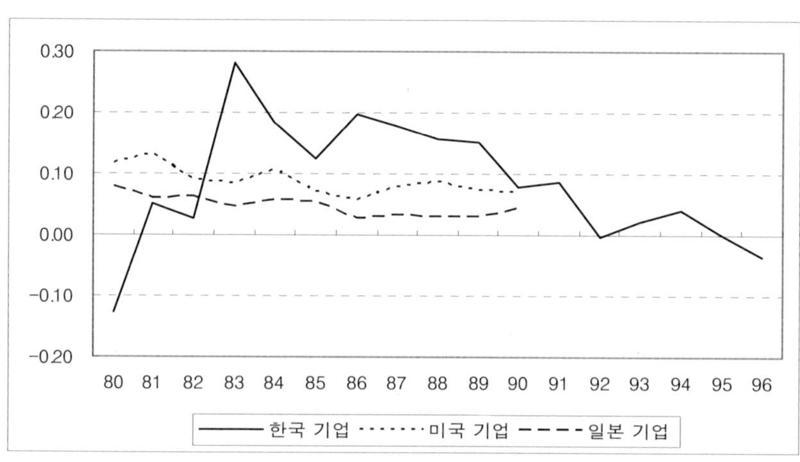

자료) 美國과 日本 企業의 자료는 French and Poterba(1991)에서 재인용.

[그림 3.2]는 French and Poterba(1991)에 의해 보고된 美國과 日本 非金融法人의 利益株價比率(earning-price ratio)과 우리나라 非金融法人의 利益株價比率을 보여주고 있다.41)

末 普通株 價格의 곱으로 구하였으며 收益에서는 優先株 配當을 제외하였다.

41) 이 결과는 Ando and Auerbach(1990)의 것과 큰 차이는 없었을뿐더러 자료가 제공되는 기간이 더 길었기 때문에 이들의 결과를 비교한다. 앞의 두 硏究와 본 硏究는 方式 面에서 차이가 있다. 예를 들어 앞의 두 硏究는 株式의 相互所有에 대해 調整할 때 分母의 株式 市場價値에서 相互所有된 株式의 市場價値를 제거하고 分子의 收益에서는 相互所有된 株式의 配當을 除去하였다. 이에 반해 본 硏究의 方式은 分子에 相互所有된 株式에 대한 資本利得 혹은 資本損失만을 더해 주는 方式을 취하였다. 調整된 自己資本收益率을 구하기 위해서는

우리나라 기업의 利益株價比率이 낮았던 80年代 초반의 자료를 포함하더라도 80~90년에 우리나라 기업의 利益株價比率은 平均 11.8%로 美國 기업의 平均 8.7%나 日本 기업의 平均 4.7%보다 훨씬 더 높았다. 반면에 美國과 日本 기업의 90年代 利益株價比率이 80年代와는 달리 크게 하락하였는지를 확인할 수는 없지만 90年代 우리나라 기업의 利益株價比率보다 더 낮았으리라고 생각되지는 않는다.

90年代 우리나라 非金融法人의 調整된 自己資本收益率이—帳簿價値에 의한 自己資本收益率보다도—대단히 낮은 水準이었다는 사실은 최근의 金融危機와 관련하여 시사하는 바가 크다. 第2節에서 다시 언급되겠지만 90年代에 自己資本收益率이 크게 낮아졌던 것은 80年代의 상황과 비교할 때 우선 土地價格의 하락에 크게 기인한다. 우리나라 非金融法人은 土地를 많이 保有하고 있었으므로 90年代에 들어서 大規模의 資本損失을 겪어야 했고 收益性은 그만큼 악화되어 왔다. 또한 株式價格의 급격한 變動도 중요한 역할을 하였다. 80年代 후반 이후 株式價格은 큰 폭의 상승과 하락을 반복하여 왔지만 95년 이후에는 큰 폭으로 하락하였기 때문에 株式을 많이 保有하고 있던 기업은 大規模의 資本損失을 겪어야 했다.

본 硏究의 方式이 더 적절하다. 게다가 앞의 두 硏究는 簡明함에도 불구하고 총자료를 이용하고 있다는 점에서 弱点을 가지고 있다. 한편 이들 두 硏究와 비교하기 위해서 우리나라 企業에 같은 方式을 適用하는 것은 부적절한 일이다. 예를 들어 우리나라 企業의 경우 分母의 株式 市場價値에서 土地의 市場價値를 빼면 (−)의 값을 갖는 경우가 대부분이다. 즉 우리나라 기업은 土地를 많이 保有하고 있지만 이것도 負債를 빌려서 保有하고 있는 셈이다.

　물론 帳簿價値에 의한 自己資本收益率도 90年代에는 약간 낮아진 편이었지만 80年代와 비교할 때 그렇게 큰 차이를 보였던 것은 아니다. 自己資本收益率의 帳簿價値가 80年代에 비해 90年代에 크게 낮아지지 않았다는 사실은 90年代 非金融法人의 當期純利益 減少가 있었지만 그렇게 큰 規模는 아니었다는 것을 의미한다. 또한 인플레이션에 따른 減價償却費와 在庫費用이 90年代에도 대단히 큰 比重을 차지하였지만 80年代와 비교할 때 더 커진 것은 아니며 오히려 더 줄어들었다. 따라서 90年代 중반에 非金融法人의 調整된 自己資本收益率이 크게 낮아졌던 것은 土地價格과 株式價格의 下落으로 인해 大規模의 資本損失이 발생하였기 때문이다. 그뿐 아니라 우리나라 非金融法人의 負債比率은 높은 편이었으므로 土地와 株式에 대한 資本損失이 自己資本收益率에 미치는 效果는 크게 증폭되었다.

　負債比率이 높고 土地와 株式 등 資産을 많이 保有하고 있다는 것은 企業收益이 資産價格의 變動에 의해 크게 좌우된다는 것을 의미한다. 게다가 우리나라 非金融法人이 保有하는 株式은 系列社間 相互出資의 성격을 가지고 있으므로 株式價格 變動에 따라 신축적으로 保有 規模가 調整되는 것도 아니었다. 물론 土地의 保有 規模도 土地價格의 變動에 따라 신축적으로 調整되지 않았다. 따라서 非金融法人은 土地價格과 株式價格의 變動에 능동적으로 대처하지도 못했던 것이다. 요컨대 우리나라 非金融法人은 土地와 株式 등 資産價格의 變動 危險에 그대로 노출되어 왔던 것이다.

　90年代 중반에 우리나라 非金融法人 收益의 帳簿價値, 즉 當期純利益의 減少가 있었다고 하더라도 그것이 최근 非金融法人의 破産 危機를 설명할 수 있다고 보기는 힘들다. 결국 최근 破産危機의 가

장 중요한 요인은 우리나라 非金融法人이 土地와 株式을 너무 많이 保有하고 있었을 뿐만 아니라 價格變動과 상관없이 硬直的으로 保有하여 왔기 때문이다. 따라서 90年代 중반 土地價格과 株式價格이 하락하였을 때 大規模의 資本損失을 회피할 수 없었고 企業收益은 결정적으로 악화되고 말았다.

1.2 銀行의 自己資本收益率[42]

銀行의 自己資本收益率 推移는 非金融法人의 것과는 뚜렷하게 다르다. 우선 退職給與 充當金 轉入額 調整에 따른 效果가 銀行의 경우에는 非金融法人과 달리 크다. [그림 3.3]을 보면 帳簿價値에 의한 自己資本收益率을 기준으로 할 때 退職給與 充當金 轉入額을 費用에서 제외하여 계산된 自己資本收益率은 그렇지 않은 경우의

---

42) 銀行의 경우 財務諸表 接近法에 의해 구한 自己資本收益率은 몇 가지 이유에서 해석하기 힘든 점이 있다. 첫째로 우리나라 企業의 財務諸表는 일반적으로 透明性을 결여하고 있다는 점이 지적되어 왔지만 그 정도는 銀行의 경우 더욱 뚜렷한 것으로 보인다. 그 근거는 財務諸表 接近法에 의해 調整된 自己資本收益率과 株式 投資收益率의 比較로부터 제시될 수 있는 것인데 第4章에서 언급되는 바와 마찬가지로 그 격차는 銀行의 경우 훨씬 더 심하다. 둘째로 銀行의 경우 資産은 銀行計定과 信託計定으로 구분되어 운용되는데 信託計定에서 발생한 收益과 損失은 信託 加入者에게 歸屬되는 것이므로 이는 銀行의 收益과 損失이 아니지만 이러한 원칙이 분명히 지켜지고 있는지는 불분명하다. 본 研究가 이용한 韓國信用評價의 Kis-Fas 데이터베이스는 銀行計定과 信託計定으로 구분하고 있으며 본 研究는 銀行計定만을 대상으로 한 것이다. 참고로 銀行의 信託計定이 차지하는 比重은 80年代 후반부터 급증하여 90年代 중반에는 總資産 중 약 1/3 정도를 차지한다.

自己資本收益率보다 훨씬 더 높았다. 이 차이는 80年代 후반에 이르면서 작아졌지만 90年代에 들어 다시 증가하기 시작하였고 전 기간에 걸쳐서 平均 2.4%나 되었다. 이는 非金融法人이 80년 이후 1.34% 정도의 차이를 보여 왔던 것과 비교하면 상대적으로 더 큰 것이다.

退職給與 充當金 轉入額을 費用에서 제외할 경우에도 銀行의 帳簿價値에 의한 自己資本收益率은 전 기간 平均的으로 9.2%였으며 이미 알려진 것과 같이 낮은 水準이었다. 또한 이 自己資本收益率을 기준으로 할 때 80年代 平均 自己資本收益率은 平均 10.1%였고 90年代 平均 自己資本收益率이 7.9%에 그쳤으므로 시간에 따른 하락추세가 있었던 것도 확인할 수 있다.

하지만 財務諸表 接近法에 의해 調整된 自己資本收益率의 測定값는 분명하게 하락추세를 보여주고 있다. 즉 調整된 自己資本收益率은 帳簿價値에 의해 계산된 自己資本收益率—이하에서는 退職給與 充當金 轉入額을 費用에서 제외한 것을 말한다—보다 80年代에는 높았지만 90年代에는 더 낮았다. 예외적으로 調整된 自己資本收益率이 낮았던 82년을 포함하더라도 80年代의 調整된 自己資本收益率 平均은 14.4%나 되었던 반면에 90年代에는 6.3%로 낮아졌다.

82년에 銀行의 調整된 自己資本收益率이 크게 낮았던 것은 定期預金金利가 16%에서 8%로 크게 하락하여 預金에 대해 大規模의 資本損失이 발생하였기 때문이다. 82년을 제외한 전 기간에 걸쳐서 預金에 대해 발생하는 資本利得의 規模는 貸出에 대해 발생하는 資本損失보다 더 컸기 때문에 調整된 自己資本收益率을 그만큼 상승시키는 역할을 하여 왔다. 그럼에도 불구하고 90年代에 오히려

調整된 自己資本收益率이 더 낮았던 것은 주로 土地에 대해 資本損失이 발생하였기 때문이다.

自己資本收益率이 80年代에는 높았고 90年代에는 낮았던 현상은 銀行과 非金融法人에 있어서 공통적인 것이지만 그 水準에는 큰 차이가 있었다. 80년 이후 銀行의 自己資本收益率은 平均 11%나 되었지만 非金融法人의 自己資本收益率은 平均 5.8%에 그치고 있다. 이하에서 다시 언급될 것이지만 銀行이 非金融法人과 가장 다른 점은 減價償却費와 在庫費用이 없다는 것, 그리고 退職給與 充當金 轉入額의 比重이 크다는 것이다. 이 두 가지 이유가 충분한 것은 아니지만 그것 때문에 銀行의 自己資本收益率이 더 높을 수 있었던 것은 사실이다.

[그림 3.3] 財務諸表 接近法에 의한 ROE(銀行)

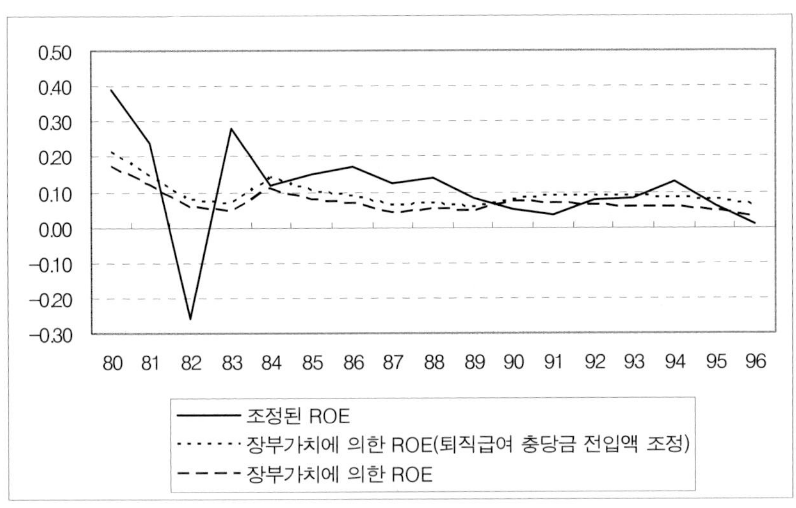

주) 調整된 ROE는 貸損償却의 帳簿價値를 그대로 이용한 것임.

80년 이후 調整된 自己資本收益率의 平均이 11% 정도 되었다는 것은 같은 기간 동안 會社債 收益率의 平均이 16.1%였다는 사실에 비추어 볼 때 낮은 水準이다. 90年代만을 보더라도 銀行의 平均 自己資本收益率은 6.3%에 이르러 같은 기간 동안 會社債 收益率의 平均 14.9%의 절반에도 미치지 못하였다. 물론 80~96년의 전 기간을 대상으로 할 때 帳簿價値에 의한 自己資本收益率 平均이 9.2%였으므로 調整된 自己資本收益率과 會社債 收益率의 격차가 더 작아진 것은 분명하지만 90年代의 경우 帳簿價値에 의한 自己資本收益率의 平均이 7.9%에 이르렀으므로 調整된 自己資本收益率과 會社債 收益率의 90年代 격차는 일반적으로 알려진 것보다 더 벌어진 셈이다. 어쨌든 銀行의 自己資本收益率은 일반적으로 알려진 바와 같이 會社債 收益率보다 더 낮았다.

[表 3.2] 財務諸表 接近法에 의한 ROE(銀行)

區分	帳簿價値에 의한 ROE	調整된 ROE
自己資本收益率		
80	0.212	0.390
81	0.144	0.239
82	0.076	−0.257
83	0.066	0.282
84	0.137	0.117
85	0.104	0.151
86	0.088	0.169
87	0.060	0.123
88	0.064	0.138
89	0.055	0.083

區分	帳簿價値에 의한 ROE	調整된 ROE
90	0.079	0.052
91	0.088	0.035
92	0.085	0.075
93	0.086	0.083
94	0.083	0.127
95	0.075	0.061
96	0.060	0.008
期間別 平均		
80年代	0.101	0.144
90年代	0.079	0.063
全基間	0.092	0.110
두 測定値의 相關係數		
80年代		0.514
90年代		0.578
全基間		0.555

주) 調整된 ROE는 貸損償却의 帳簿價値를 그대로 이용한 것임.

하지만 우리나라 銀行의 自己資本收益率이 美國의 것과 비교할 때 지나치게 낮았다는 기존의 주장과는 조금 다른 결과를 보여주고 있다. 우선 지동현(1997)이 보고한 바 있는 87~95년 전체 銀行의 平均 自己資本收益率은 5.86%—비교를 위해서 退職給與 充當金 轉入額이 費用에서 제외되지 않은 경우 같은 기간 동안 標本 銀行의 帳簿價値에 의한 自己資本收益率 平均 5.46%였다—였다. 본 硏究가 대상으로 한 標本 銀行의 경우 調整된 自己資本收益率은 같은 기간 동안 平均 8.64%로 지동현의 것보다 3% 가까이 더 높았다. 하지만 이 수치는 같은 기간 동안 美國 銀行의 平均 自己資本 收益率 10.29%보다 여전히 더 낮은 것이다. 따라서 우리나라 銀行의 실제 自己資本收益率은 일반적으로 알려진 것보다 더 높은 것이 사실이지만 그렇다고 해서 美國 銀行의 것과 비교할 때 혹은 會社債 收益率과 비교할 때 낮지 않다고 보기는 힘들다.

하지만 위의 결과는 우리나라 銀行의 不實債權 문제를 충분히 고려하고 있지 않기 때문에 보다 신중하게 해석되어야 할 것으로 보인다. 우리나라 銀行의 不實債權이 많다는 것은 널리 알려진 사실이다. 하지만 不實債權의 規模가 정확히 공표된 적이 없기 때문에 自己資本收益率에 대한 不實債權의 效果를 정확히 測定하기는 쉽지 않다.

企業會計基準에 따르면 銀行의 不實債權은 貸損으로 처리된다.[43] 貸損이란 "收取債權의 回收가 불가능하게 되어 損失로 인식하는 것"으로 정의된다. 따라서 일단 賣出債權이 貸損으로 처리되면 損益計算書에는 貸損償却이라는 費用이 발생되고 貸損償却은 貸借對照表의 負債 項目 중 貸損充當金이라는 項目에 추가된다. 즉 貸損償却은 1년 중 발생한 不實債權의 流量(flow)에 해당되며 貸損充當金은 누적된 不實債權의 貯量(stock)에 해당된다.

그러므로 特定 銀行이 많은 不實債權을 保有하고 있다면 그만큼 貸損償却과 貸損充當金이 큰 規模이어야 할 것이다. 하지만 우리나라 銀行이 不實債權을 정확히 추산하여 貸損償却과 貸損充當金에 반영하여 왔던 것으로 보이지는 않는다. 예를 들어 지동현(1997)은 우리나라 銀行과 美國 銀行의 貸出資産 對比 貸損充當金 比率을

---

43) 貸損과 관련된 會計 項目의 처리에 대해서는 第2章의 附錄을 참조할 것.

조사하였는데 오히려 美國 銀行의 貸損充當金 比率이 더 높은 것으로 나타났다. 따라서 우리나라 銀行의 不實債權 比重이 美國 銀行의 것에 비해 많을 것이라는 일반적인 인식을 고려할 때 우리나라 銀行의 貸損償却 혹은 貸損充當金이 過小하게 처리되고 있다는 結論은 충분한 설득력을 가진다.

[表 3.3] 銀行의 調整된 ROE(貸損償却 調整時)

區分	調整된 ROE	貸損償却 調整1	貸損償却 調整2
自己資本收益率			
80	0.390	0.372	0.331
81	0.239	0.220	0.174
82	−0.257	−0.261	−0.269
83	0.282	0.276	0.260
84	0.117	0.104	0.074
85	0.151	0.122	0.053
86	0.169	0.156	0.127
87	0.123	0.116	0.098
88	0.138	0.131	0.116
89	0.083	0.078	0.064
90	0.052	0.046	0.031
91	0.035	0.027	0.011
92	0.075	0.066	0.044
93	0.083	0.072	0.045
94	0.127	0.110	0.069
95	0.061	0.044	0.003
96	0.008	−0.008	−0.047

區分	調整된 ROE	貸損償却 調整1	貸損償却 調整2
期間別 平均			
80年代	0.144	0.131	0.103
90年代	0.063	0.051	0.022
全期間	0.110	0.098	0.070

주) 貸損償却 調整1은 우리나라 銀行의 不實債權 發生 比率이 美國 銀行과 같은 경우, 貸損償却 調整2는 우리나라 銀行의 不實債權 發生 比率이 美國 銀行보다 1.5배 더 큰 경우에 해당된다.

우리나라 銀行의 不實債權 規模를 정확하게 파악할 수는 없으므로 이하에서는 간단한 모의실험을 시도해 본다. 우리나라 銀行의 貸損充當金이 過小하게 財務諸表에 보고되어 왔다고 판단되므로 貸出資産 對比 貸損充當金 比率이 美國 銀行과 같은 경우와 1.5배 더 큰 경우에 우리나라 銀行의 調整된 自己資本收益率이 어느 정도일까를 계산해 보기로 한다.

지동현(1997)에 따르면 貸出資産 對比 貸損充當金 比率의 87~95년 平均은 우리나라 銀行의 경우 59%였고 美國 銀行은 75%이었다. 이를 기준으로 하여 우리나라 銀行의 不實債權 發生 比率이 美國 銀行과 같은 경우와 1.5배 더 큰 경우의 調整된 自己資本收益率을 계산하여 본다. [표 3.3]은 두 경우의 調整된 自己資本收益率을 보여주고 있다. 표에서 調整된 ROE는 損益計算書에 보고된 貸損償却을 그대로 이용하였을 때의 調整된 自己資本收益率이다.

貸損償却의 증가는 費用의 증가를 의미하므로 당연히 自己資本收益率을 하락시킨다. 시기에 따라 自己資本收益率의 하락 폭이 다른 것은 貸損償却의 크기가 시기별로 달랐기 때문이다. 예를 들어 80～81년, 85년과 94～96년의 경우 하락 폭이 큰 편이었는데 이 시기에 不實債權의 발생이 그만큼 컸다는 것을 의미한다.

貸損充當金 比率이 美國 銀行과 같아서 不實債權 發生의 比重도 비슷하다고 판단되는 경우에도 우리나라 銀行의 調整된 自己資本收益率은 크게 하락한다. 이 경우 [表 3.3]에 따르면 80～96년의 기간 동안 平均 自己資本收益率은 9.8%로 떨어진다. 한편 貸損充當金 比率이 美國 銀行보다 1.5배여서 不實債權 發生의 比重도 1.5배 정도 더 많았다고 판단되는 경우에 우리나라 銀行의 調整된 自己資本收益率은 엄청나게 하락한다. [表 3.3]에 따르면 80～96년의 기간 동안 平均 自己資本收益率은 7%에 불과하였다. 損益計算書의 貸損償却을 그대로 이용한 경우 80～96년의 平均 自己資本收益率이 11%이었던 것에 비추어 이는 4%나 낮아진 수치이다.

특히 90年代의 自己資本收益率 하락은 엄청나다. 損益計算書의 貸損償却을 그대로 이용한 경우 90年代의 平均 自己資本收益率이 6.3%이었지만 貸損償却이 美國 銀行과 같다고 가정하면 90年代 平均 自己資本收益率은 5.1%로 떨어지고 貸損償却이 美國 銀行보다 1.5배 더 많다고 가정하면 90年代 平均 自己資本收益率은 2.2%에 불과하다. 80年代와 90年代에 銀行의 貸損償却 處理 慣行이 어떻게 바뀌었는지를 알 수는 없지만 이 慣行에 큰 변화가 없었다고 가정할 때 90年代에 우리나라 銀行은 不實債權으로 인해 훨씬 더 큰 損失을 감수하고 있었던 것이다.

물론 우리나라 銀行의 不實債權 規模를 정확히 알기 전에는 自己資本收益率을 정확히 測定하기 힘들다. 하지만 일반적으로 알려진 바에 따르면 우리나라 銀行의 不實債權 規模는 美國 銀行의 것보다 더 클 것으로 짐작되기 때문에 不實債權을 고려하여 測定된 自己資本收益率은 훨씬 더 낮았을 것으로 보인다.

우리나라 銀行의 不實債權 規模가 美國 銀行에 비해 1.5배 더 크다고 가정하여 구한 調整된 自己資本收益率의 90年代 平均 2.2%는 같은 기간 동안 非金融法人의 調整된 自己資本收益率 平均 2.2%와 거의 비슷한 水準이다. 따라서 非金融法人과 銀行의 自己資本收益率이 비슷한 水準을 보여주어야 한다는 기준에서 보면 우리나라 銀行의 不實債權 規模가 美國 銀行에 비해 1.5배 더 컸을 것이라고 추론할 수도 있다. 하지만 非金融法人과 銀行의 自己資本收益率을 비교하는 것은 株式 投資收益率을 이용하였을 경우에도 가능하므로 第4章에서의 작업을 통해 다시 한번 우리나라 銀行의 不實債權 規模를 짐작하여 보기로 한다.

銀行도 90年代에는 土地價格 下落으로 인한 大規模의 資本損失을 겪어야 했기 때문에 收益性은 악화되었다. 하지만 銀行은 非金融法人에 비해 상대적으로 土地를 적게 保有하여 왔으므로 土地에 대한 資本損失의 規模는 상대적으로 작은 편이었다. 따라서 90年代에 들어 銀行의 自己資本收益率이 낮아졌던 요인을 비교하자면 營業活動과 관련된 營業利益[44]의 악화는—非金融法人과 비교할 때—더 강조되어야 한다.

---

44) 銀行의 營業利益은 營業收益에서 營業費用을 차감한 것이며 營業費用에는 貸損償却과 有價證券 投資 損失도 포함되어 있다. 이에 대해서는 第2章의 附錄을 참조할 것.

게다가 財務諸表에 보고된 不實債權의 발생과 有價證券의 投資 損失이 過小評價되어 왔다면 銀行의 自己資本收益率 하락은 주로 營業利益의 악화에 의해 설명되어야 할 것이다. 非金融法人의 경우 90年代 自己資本收益率의 하락이 當期純利益의 악화보다는 土地와 株式에 대한 資本損失에 기인한 것이었다는 점과 비교할 때 이는 뚜렷하게 구분되는 점이다.

第2節 自己資本收益率에 대한 각 項目의 效果

財務諸表 接近法을 이용하는 경우 自己資本收益率의 水準과 推移를 파악할 수 있을 뿐만 아니라 自己資本收益率에 영향을 미치는 각 項目들의 效果를 양적으로 비교할 수 있다. 여기에서는 앞에서 부분적으로 언급된 바 있는 각 項目들이 自己資本收益率에 어떠한 效果를 미치고 있는지를 비교, 평가하기로 한다.

[그림 3.4]는 非金融法人의 自己資本收益率에 영향을 미치는 각 項目들의 效果를 비교하여 보여준다.[45] 우선 그림에서 減價償却費와 在庫費用으로 표시된 項目은 減價償却費와 在庫費用의 市場價值에서 帳簿價值를 차감한 調整額—費用의 증가이므로 (-)의 부호를 가진다—을 自己資本市價로 나누어 준 값이다. 土地, 金融資

___

45) 여기에서 말하는 調整 效果란 각 項目이 발생시킨 收益과 費用을 自己資本市價로 나누어 계산한 값이고 각 項目이 自己資本收益率에 몇 %의 效果를 미쳤다고 할 때도 그것은 이렇게 계산된 값을 의미하는 것으로 통일한다.

産과 長期負債에 대한 資本利得의 項目도 각각에 대한 資本利得 혹은 資本損失―(＋)의 값을 가지는 경우가 資本利得이며 (－)의 값을 가지는 경우가 資本損失이다―의 크기를 自己資本市價로 나누어 준 값이다. 따라서 어떤 項目이 (－)의 效果를 가진다는 것은 自己資本收益率의 帳簿價値가 그만큼 過大評價되어 왔다는 것을 의미하고 (＋)의 效果를 가진다는 것은 自己資本收益率의 帳簿價値가 過小評價되어 왔다는 것을 의미한다.

한편 [그림 3.5]는 銀行의 自己資本收益率에 영향을 미치는 각 項目들의 效果를 비교하여 보여준다. 銀行의 경우 減價償却費와 在庫費用이 없는 대신에 純長期負債에 대한 資本利得―預受金에 대한 資本利得과 貸出金에 대한 資本損失의 합―과 有價證券에 대한 資本利得 혹은 資本損失이 나타나 있다.

따라서 각 項目의 調整 效果를 當期純利益에 의해 계산된 自己資本收益率과 더하면 財務諸表 接近法에 의해 調整된 自己資本收益率을 얻게 된다. 또한 각 項目의 效果는 모두 法人稅率에 의해 調整된 稅後 槪念이다. 즉 收益의 증가를 의미하는 (＋)의 값은 租稅 納付額을 계산하여 그만큼 빼 준 값이며 費用의 증가를 의미하는 (－)의 값은 租稅 還給額을 계산하여 그만큼 더해 준 값이다.

[그림 3.4] 각 項目의 效果(非金融法人)

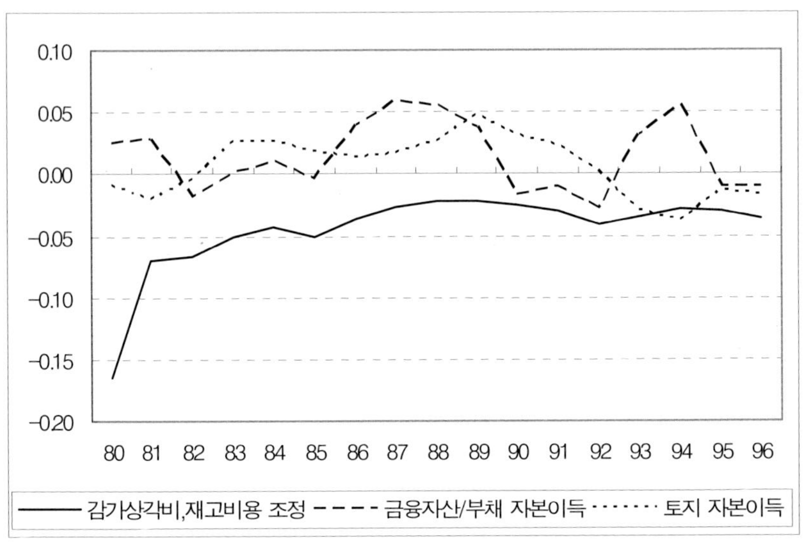

[그림 3.5] 각 項目의 效果(銀行)

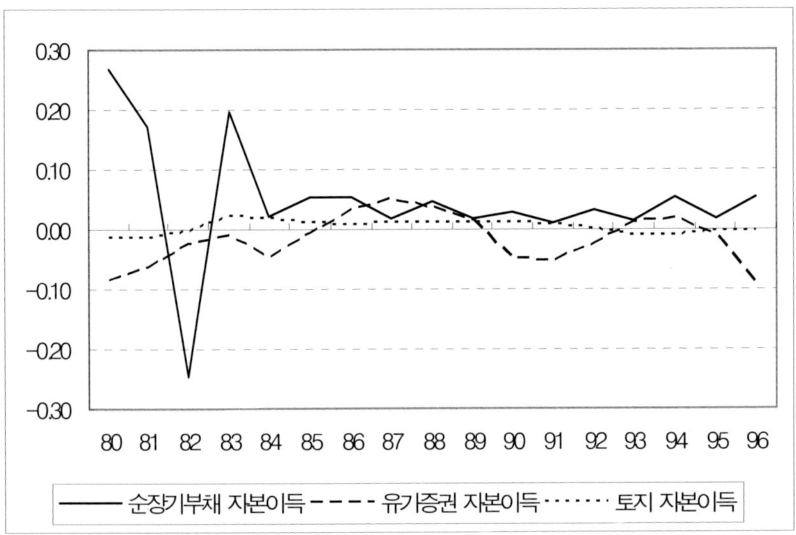

2.1 減價償却費와 在庫費用의 效果

80年 이후 표본의 全基間에 걸쳐서 減價償却費와 在庫費用의 效果는 대단히 크다. 인플레이션이 높았던 80年의 경우 그 效果는 무려 −16.5%에 이르는 높은 水準이었다. 이후 그 效果가 크게 감소하여 87年 이후에는 −2%에서 −4% 정도에 그치고 있으나 다른 要因들과 비교해 보아도 여전히 큰 比重을 차지하고 있다.

帳簿價值를 基準으로 계산된 非金融法人의 自己資本收益率이 80年代 전반에 다소 높은 것으로 나타났던 것은 인플레이션에 따른 減價償却費와 在庫費用의 증가를 무시하였기 때문이다. 減價償却費와 在庫費用을 인플레이션에 따라 調整해 주었다면 企業의 收益은 훨씬 더 작았을 것이고 따라서 自己資本收益率도 훨씬 더 낮았을 것이다.

그럼에도 불구하고 減價償却費와 在庫費用의 效果는 80年 이후 뚜렷하게 감소하여 왔다. [그림 3.4]에 따르면 이들의 效果는 80年부터 87年에 이르기까지 큰 폭으로 감소하여 왔고 87年 이후에는 대체로 안정적인 움직임을 보여주고 있다.

減價償却費와 在庫費用의 效果는 인플레이션에 크게 의존하고 있기 때문에 이들의 效果가 감소하여 왔던 가장 중요한 원인은 인플레이션의 하락이었다. 80年 38.8%에 이르던 生產者 物價指數 上昇率은 82年에 4.7%로 크게 낮아졌고 83∼87年에는 1% 이하의 낮은 水準을 유지하였기 때문에 이 시기에 減價償却費와 在庫費用의 效果는 크게 감소할 수밖에 없었다.

하지만 88年 이후 生産者 物價指數 上昇率이 다시 높아져서 91年에는 4.7%에 이르게 되었지만 減價償却費와 在庫費用의 效果는 80年代 전반과 같이 커지지 않았다. 91年과 비슷한 生産者 物價指數 上昇率을 보인 82年에 비해 減價償却費와 在庫費用의 效果는 훨씬 더 작았고 오히려 인플레이션이 대단히 낮았던 80年代 중반보다도 더 작았다. 따라서 減價償却費와 在庫費用의 效果 減少는 인플레이션의 하락 이외의 다른 要因에도 의존하였던 것으로 보아야 한다. 80年代 이후 減價償却費와 在庫費用의 效果가 감소하였던 또 다른 이유는 우리나라 非金融法人의 固定資本과 在庫의 比重과 構成이 뚜렷하게 변화하여 왔기 때문이다.

[表 3.4] 固定資本과 在庫 比重의 期間別 平均

區分	自己資本市價 對比	資産市價 對比
固定資本 市價의 比重		
80~85年	0.934	0.225
86~90年	0.622	0.174
91~96年	0.730	0.160
全基間	0.770	0.187
前期 在庫의 比重		
80~85年	0.669	0.150
86~90年	0.487	0.132
91~96年	0.471	0.115
全基間	0.538	0.131

우선 自己資本 對比 固定資本의 比重과 在庫의 比重이 감소하였
다. [表 3.4]는 固定資本 比重과 在庫 比重의 基間別 平均을 보여주
고 있는데 각각의 比重은 自己資本市價 對比 比率과 資産市價 對比
比率에 의해 표시되어 있다.[46] 이때 資産市價는 土地와 金融資産의
帳簿價値를 市場價値로 調整하여 계산된 資産 全體의 價値이다. 固
定資本과 在庫가 차지하는 比重은 80年代를 거치면서 꾸준히 감
소하여 왔고 90年代에 이르면서 資産價値의 움직임에 따라 變動
하고 있기는 하지만 대체로 안정적인 水準을 유지하고 있다.[47]

[表 3.5] 固定資本 構成의 基間別 平均

區分	市價 基準	帳簿價 基準
建物과 構築物/ 機械, 車輛, 工具 등		
80~85年	1.119	0.857
86~90年	1.120	1.203
91~96年	3.161	1.479
全基間	1.840	1.178

---

46) 自己資本市價 對比 比率이 資産市價 對比 比率보다 더 급격하게 하
락하는 것은 負債比率이 그만큼 하락하여 왔다는 것을 의미한다. 이
하에서 각 項目의 比重을 自己資本市價 對比 比率과 資産市價 對比
比率로 區分하여 제시할 것인바 두 比率의 推移에 차이가 있는 것처
럼 보이는 것은 負債比率의 下落에 기인한다.

47) 在庫資産의 比重 減少가 企業의 生産技術上의 變化에서 비롯된 것으
로 보이지는 않는다. 예를 들어 損益計算書의 賣出額이나 賣出原價에
대한 固定資本 혹은 在庫資産의 比率은 변화가 없거나 오히려 더 상
승하였다. 또한 '企業經營分析'에 보고되는 在庫資産 回轉率도 제조업
이나 도소매업의 경우 증가하였던 것이 사실이지만 건설업의 경우는
오히려 더 하락하여 왔다.

또한 우리나라 企業의 固定資本 構成에도 뚜렷한 변화가 있었다. 즉 80年 이후 시간이 지남에 따라 減價償却率이 낮은 建物과 構築物의 比重이 상대적으로 증가하고 減價償却率이 높은 機械, 車輛, 工具 등의 比重이 상대적으로 감소하였다. [表 3.5]에는 建物, 構築物과 機械, 車輛, 工具 등의 상대적인 比率이 나타나 있다. 市價를 基準으로 할 때 이 比率은 80年代 초반 100% 정도였으나 이후 꾸준히 상승하여 93年에는 443%로 최고치를 기록하였다. 減價償却率이 낮은 建物, 構築物의 比重이 증가하였다면 減價償却費가 하락하는 결과는 당연한 것이다.

결국 우리나라 企業의 資産構成에서 固定資本과 在庫의 比重이 감소하고 固定資本 중에서도 減價償却率이 낮은 建物, 構築物의 比重이 상대적으로 증가하여 왔다는 사실은 인플레이션의 하락과 더불어 減價償却費와 在庫費用의 감소를 설명해 주는 중요한 원인이다.

주목할 만한 것은 資産 全體 중에서 固定資本과 在庫가 차지하는 比重이 감소하였던 현상은 90年代에 접어들면서 다소 완화되었고 이후 安定的인 推移를 보여주고 있는 것과는 달리 固定資本 중에서 建物이 차지하는 比重은 90年代에도 여전히 증가하고 있다는 점이다. 따라서 이로 인한 減價償却費의 比重 減少는 90年代에도 지속되고 있는 것으로 보아야 한다.

2.2 土地의 效果

우리나라 企業 收益에 큰 영향을 미치는 두 번째 要因으로는 土地를 들 수 있다. 土地에 대한 資本利得은 土地價格 上昇率이 消費者 物價 上昇率보다 더 높아야만 발생하며 반대의 경우에는 資本損失이 발생한다. 80年 이후 土地價格 上昇率은 10% 전후의 높은 上昇率을 보여 왔으며 88~90年에는 최고조에 달하였다. 89年에 33.1%에 이르는 높은 上昇率을 보였던 土地價格은 92年 이후 급속히 하락하여 93~94年에는 오히려 (-)의 上昇率을 보이기도 하였다. 따라서 80年代 초반과 92年 이후 土地에 대해 資本損失이 발생하였던 것은 이 시기의 消費者物價 上昇率이 土地價格 上昇率에 비해 더 높았기 때문이다.

[표 3.6]을 보면 非金融法人의 경우 資産市價에서 土地가 차지하는 比重은 土地價格에 따라 變動이 있기는 하지만 증가하는 추세에 있다. 한편 自己資本市價에 대한 土地市價의 比率은 80年代에는 큰 변화가 없었으나 90年代에 들어 크게 증가하였다. 自己資本市價 對比 土地市價의 比率은 80年代 平均 42.4% 정도였지만 90年代에 크게 높아져서 平均 57.4%나 되었다.

반면에 銀行이 保有하고 있는 土地의 比重은 非金融法人과 달리 하락하는 추세를 보이고 있다. 自己資本市價에서 土地가 차지하는 比重은 80年代 전반에 平均 36.9%나 되었으나 이후 꾸준히 하락하여 90年代에는 平均 17.2%로 낮아졌다. 資産市價 對比 土地市價의 比率도 80年代 후반에 平均 1.9%였지만 90年代에는 1.7%로 더 낮아졌다.

결국 銀行의 경우 土地가 차지하는 比重은 감소하여 왔지만 非金融法人의 경우 土地가 차지하는 比重은 꾸준히 증가하여 왔다. 특이한 것은 90年代 이후 土地價格 하락에도 불구하고 非金融法人의 土地 保有가 줄어들지 않았다는 점이다.

自己資本收益率과 관련하여 의미가 있는 것은 自己資本市價 對比 比率이므로 이 比率이 非金融法人의 경우 90年代에 들어 급증하였고 銀行의 경우 80年代 전반 이후 꾸준히 하락하였다는 것은 중요하게 인식되어야 한다. 왜냐하면 非金融法人의 自己資本收益率이 土地 資本利得에 의존하는 정도는 90年代에 들어 크게 증가하였던 반면에 銀行의 自己資本收益率이 土地 資本利得에 의존하는 정도는 그만큼 작아져 왔다는 것을 의미하기 때문이다.

[表 3.6] 土地와 長期金融資産 比重의 基間別 平均

區分	自己資本市價 對比	資産市價 對比
土地 市價의 比重 (非金融法人)		
80~85年	0.422	0.125
86~90年	0.426	0.144
91~96年	0.574	0.161
全基間	0.477	0.143
土地 市價의 比重 (銀行)		
80~85年	0.369	0.013
86~90年	0.204	0.019
91~96年	0.172	0.017
全基間	0.251	0.016

區分	自己資本市價 對比	資産市價 對比
長期金融資産 市價의 比重 (非金融法人)		
80~85年	0.327	0.078
86~90年	0.428	0.138
91~96年	0.594	0.153
全基間	0.451	0.122
長期金融資産 市價의 比重(銀行)		
80~85年	1.900	0.078
86~90年	1.045	0.097
91~96年	0.942	0.093
全基間	1.310	0.089

한편 銀行이 保有하고 있는 土地의 比重은 非金融法人의 것보다 훨씬 작은 편이다. 資産市價 對比 土地市價의 比率은 非金融法人의 경우 80~96年에 平均 14.3%나 되었지만 銀行의 경우에는 같은 기간 平均이 1.6%에 불과하였다. 自己資本市價 對比 土地市價의 比率도 80~96年에 非金融法人은 平均 47.7%나 되었지만 銀行은 平均 25.1%에 불과하였다. 非金融法人과 銀行의 이러한 차이는 時期別로 크게 다르지 않았으므로 土地에 대한 資本利得의 效果가 銀行의 경우보다 非金融法人의 경우 더 컸던 것은 당연한 일이었다. 예를 들어 土地에 대해 資本損失이 발생하였던 92~96年의 경우 非金融法人은 土地 保有에 따라 큰 損失을 보고 있었지만 銀行의 경우 그 損失은 상대적으로 작은 편이었다.

自己資本收益率의 推移와 관련하여 土地에 대한 資本利得 혹은

資本損失의 역할은 대단히 중요하다. 일반적으로 우리나라의 企業은 土地를 많이 保有하고 있으며 그것으로부터 많은 소득을 올려왔던 것으로 알려져 있다. 하지만 土地에 대해서 資本利得이 발생하였던 것은 사실 83~91年의 일부 기간에 지나지 않았다. 80年代 초반에는 土地價格 上昇率이 높았음에도 불구하고 物價 上昇率이 더 높았기 때문에 土地에 대해서 오히려 資本損失이 발생하였다. 또한 92年 이후에는 物價 上昇率이 80年代 중반에 비해 높아진 것이 사실이지만 그것보다는 주로 土地價格의 하락으로 인해 資本損失이 발생하였다.

이미 언급된 바 있지만 株式에 대한 資本利得과 資本損失은 80年代 중반 이후 自己資本收益率의 變動性을 좌우하였다. 반면에 土地에 대한 資本利得과 資本損失은 90年代 非金融法人의 自己資本收益率이 왜 80年代 중반과 후반에 비해 더 낮았는지를 설명하는 가장 중요한 원인이다. 90年代에 일어난 非金融法人의 自己資本收益率 下落 趨勢는 주로 土地에 대한 資本利得과 資本損失에 의해 설명되어야 한다. 이전에는 資本利得이 발생하였던 土地에 대해 92年 이후에는 오히려 資本損失이 발생하였기 때문에 非金融法人의 自己資本收益率이 하락하였던 것이다.

2.3 金融資産과 金融負債에 대한 資本利得의 效果[48]

　인플레이션하에서는 일반적으로 金融負債에 대해서 資本利得이 발생하고 金融資産에 대해서 資本損失이 발생하게 되므로 두 가지 效果가 상쇄된다면 전체적으로 그 效果는 많이 줄어들게 된다. 하지만 金融資産과 金融負債의 規模와 滿期構造─정확히 말하면 듀레이션(duration)─가 크게 다르다면 두 가지 效果가 충분히 상쇄되지는 않는다. 우리나라 非金融法人과 銀行의 경우 [그림 3.4]와 [그림 3.5]를 보면 金融資産과 金融負債의 資本利得이 충분히 상쇄되는 것으로 보이지는 않는다.

　이러한 결과가 나온 것은 우리나라 企業이 保有하고 있는 金融資産과 金融負債에 몇 가지 특징이 있기 때문이다. 첫째로 非金融法人의 경우 負債比率이 높은 편이고 長期金融負債도 많이 이용하므로─長期負債의 滿期가 짧은 편임에도 불구하고─金融負債에 대한 資本利得 또한 큰 規模로 발생한다. 株式價格의 變動에 따라 다소간의 차이는 있지만 80年代 전반에는 長期負債 市價가 長期金融資産 市價의 3.5배 이상 되었고 90年代에도 長期負債 市價는 長期金融資産 市價의 2.3배 정도에 이르고 있다.

　둘째로 非金融法人의 경우에는 全體 資産 중에서 長期金融資産이 차지하는 比重이 대단히 클 뿐만 아니라 標本 期間 중 增加率도 높았던 반면에 銀行의 경우에는 長期金融資産이 차지하는 比重이 증가하지 않았다.[49]

---

48) 銀行의 경우 預受金과 貸出金에 대한 資本利得과 資本損失은 이후에 설명하기로 한다.

120

[표 3.6]을 보면 非金融法人의 경우 資産市價 對比 長期金融資産 市價의 比率은 80~96年에 平均 12.2%나 되었다. 資産市價 對比 土地市價의 比率이 같은 기간 동안 平均 14.3%였다는 점을 감안하면 長期金融資産의 比重이 얼마나 큰 것이었는가를 짐작할 수 있다. 한편 長期金融資産의 增加率을 살펴보면 資産市價 對比 金融資産市價의 比率은 80年代 전반 平均이 7.8%이었지만 90年代에는 平均 15.3%로 2배 가까이 늘어났다. 自己資本市價 對比 長期金融資産市價의 比率을 보더라도 80年代 전반에 平均 32.7%였던 것이 90年代에는 59.4%로 크게 증가하였다. 이러한 長期金融資産 比重의 增加率은 같은 기간 동안 土地 比重의 增加率을 훨씬 더 상회하는 것이다.

하지만 [표 3.6]을 보면 銀行의 경우 長期金融資産의 比重이 큰 것은 사실이지만 표본기간 중 증가하지는 않았다. 資産市價 對比 長期金融資産의 比重은 80年代 후반 平均 9.7%였지만 90年代에는 오히려 9.3%로 감소하였다. 自己資本市價 對比 長期金融資産의 比重도 80年代 전반과 후반에 平均 190%와 104.5%나 되었지만 90年代에는 크게 줄어서 94.2%로 감소하였다.

---

49) 非金融法人의 長期金融資産에는 長期性 預金, 投資有價證券, 關係會社 有價證券 등 投資資産과 退職保險 預置金, 長期性 받을어음, 特定 現金과 預金 등 其他資産의 項目을 포함하였다. 銀行의 長期金融資産에는 有價證券 項目 中 國公債, 社債, 株式을 포함하였다.

[表 3.7] 長期金融資産 比重의 基間別 平均

區分	自己資本市價 對比	資産市價 對比
現金, 預金, 債券의 比重 (非金融法人)		
80~85年	0.219	0.053
86~90年	0.198	0.060
91~96年	0.327	0.077
全基間	0.251	0.064
株式의 比重 (非金融法人)		
80~85年	0.109	0.024
86~90年	0.230	0.078
91~96年	0.266	0.076
全基間	0.200	0.058
國公債의 比重 (銀行)		
80~85年	1.619	0.068
86~90年	0.641	0.056
91~96年	0.412	0.043
全基間	0.905	0.056
社債의 比重(銀行)		
80~85年	0.116	0.005
86~90年	0.150	0.016
91~96年	0.229	0.022
全基間	0.166	0.015
株式의 比重(銀行)		
80~85年	0.165	0.005
86~90年	0.254	0.025
91~96年	0.301	0.028
全基間	0.239	0.019

122

따라서 非金融法人의 경우 長期金融資産의 比重이 클 뿐만 아니라 그 比重이 증가하여 왔다는 것은 非金融法人의 自己資本收益率이 長期金融資産의 資本利得 혹은 資本損失에 의존하는 정도가 클 뿐만 아니라 증가하여 왔음을 암시하고 있다. 이와는 대조적으로 銀行의 長期金融資産 比重은 감소하여 왔기 때문에 銀行의 自己資本收益率이 長期金融資産의 資本利得 혹은 資本損失에 의존하는 정도는 非金融法人과 비교할 때 상대적으로 하락하여 왔을 것이다.[50]

셋째로 金融資産에서 株式이 차지하는 比重이 대단히 클 뿐만 아니라 증가하여 왔다. [表 3.7]은 非金融法人과 銀行의 金融資産 構成 比率을 보여주고 있다. 우선 非金融法人의 80~96年에 資産市價 對比 株式 市價의 比率은 平均 5.8%로 같은 기간 동안 現金, 預金과 債券의 平均 比率 6.4%보다 조금 작은 水準이다. 시기적으로 보면 80年代 전반에 비해 80年代 후반 이후 株式의 比重이 증가하였다는 점이 주목할 만하며 90年代에는 長期金融資産의 절반을 차지할 정도로 規模가 커졌다. 株式 比重의 증가는 自己資本市價 對比 比率에서 나타나고 있는데 90年代 平均 26.6%나 되었다. 이는 같은 기간 동안 土地가 차지하는 比重 57.4%의 절반 水準이다.

한편 [表 3.7]에 따르면 銀行의 경우 80~96年에 資産市價 對比 株式 市價의 比率은 平均 1.9%로 같은 기간 동안 國公債의 平均 比率 5.6%보다 훨씬 더 작은 편이지만 社債의 平均 比率 1.5%보

---

50) 물론 銀行의 自己資本收益率이 長期金融資産의 資本利得 혹은 資本損失에 의존하는 정도는 長期金融資産의 價格 變動에도 영향을 받기 때문에—이하에서 다시 언급되겠지만—그 정도가 하락하지는 않았다. 다만 非金融法人과 비교해서 상대적으로 그 정도가 하락하였을 것이라는 의미이다.

다는 많은 편이다. 非金融法人과 마찬가지로 銀行의 경우에도 80年代 전반에 비해 80年代 후반 이후 株式의 比重이 증가하여 資産市價 對比 株式의 比率은 90年代 平均 2.8%로 높아졌다. 이러한 증가 추세는 自己資本市價 對比 比率에서도 나타나고 있는데 80年代 전반 平均 16.5%이었던 것이 90年代에는 平均 30.1%로 급증하였다.

이 사실은 80年代 중반 이후 株式에 대한 資本利得 혹은 損失이 自己資本收益率에 큰 영향을 미쳐 왔음을 것을 의미한다. 하지만 株式의 效果와 관련하여 훨씬 더 중요하게 인식되어야 할 것은 80年代 중반 이후 우리나라의 株式價格이 대단히 큰 폭으로 變動하여 왔다는 사실이다. 株式價格의 급격한 變動으로 인해 80年代 중반 이후 自己資本收益率은 株式에 대한 資本利得 혹은 資本損失에 의해 크게 좌우되었다.

[그림 3.6] 自己資本市價 對比 金融資産/負債의 資本利得/資本損失(非金融法人)

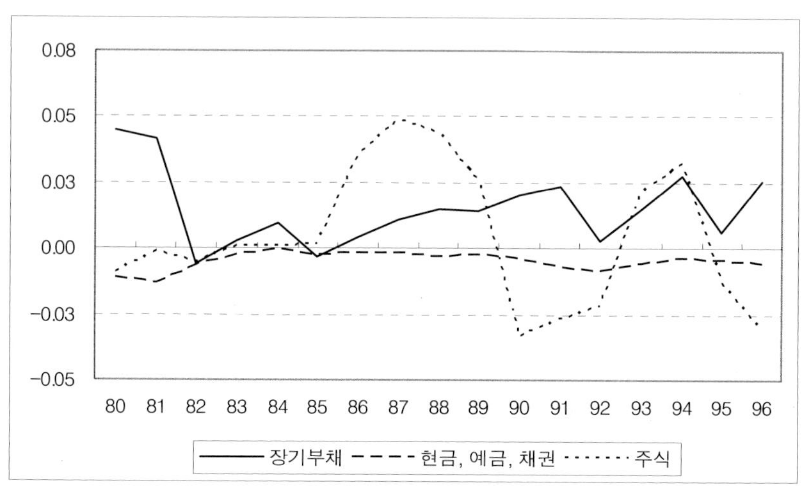

[그림 3.6]은 非金融法人의 金融資産과 金融負債 각 項目에 대한 資本利得 혹은 資本損失을 보여주고 있다. 우선 長期負債에 대해서는 거의 전 시기에 걸쳐서 資本利得이 발생하여 왔다. 80年代 초반 인플레이션이 높았던 시기와 90~91年, 그리고 94年과 96年에 資本利得의 規模가 특히 컸는데 96年의 경우 自己資本市價 對比 長期負債에 대한 資本利得은 2.5%나 되었다.

現金, 預金과 債券에 대해서는 항상 資本損失이 발생하여 왔는데 規模는 1% 이하의 작은 水準에 머물고 있다. 이들 資産에 대한 資本損失은 規模가 훨씬 더 큰 長期負債에 대한 資本利得과 반대방향으로 발생하기 때문에 그 效果는 상쇄되고 있다. 한편 株式에 대한 資本利得은 80年代 중반 이후 가장 큰 規模여서 나머지 項目들의 效果를 충분히 압도하고 있다. 株式에 대한 資本利得 혹은 資本損失의 발생이 대체로 長期負債에 대한 資本利得과 반대방향으로 이루어지는 경향은 있지만 그 規模는 훨씬 더 큰 편이다.

[그림 3.7] 自己資本市價 對比 金融資産의 資本利得/資本損失(銀行)

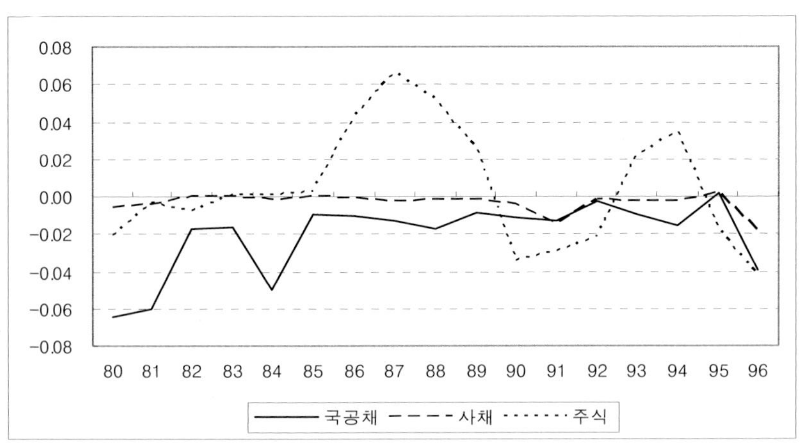

銀行의 경우 [그림 3.7]에 따르면 80年代 전반에는 國公債에 대한 資本損失이 가장 큰 規模였음을 알 수 있다. 이미 살펴본 바와 같이 銀行이 가장 많이 保有하고 있는 有價證券은 國公債이므로 이들에 대한 資本損失은 銀行의 收益性에 큰 영향을 미친다. 하지만 80年代 중반 이후에는 사정이 달라져서 株式에 대한 資本利得과 資本損失의 規模가 國公債나 社債의 것을 훨씬 더 능가한다. 결국 銀行의 경우에도 80年代 중반 이후에는 株式에 대한 資本利得과 資本損失이 自己資本收益率의 變動에 가장 큰 영향을 미쳐 왔던 것이다.

非金融法人의 경우 [그림 3.4]가 보여주고 있는 바와 같이 金融資産/負債에 대한 資本利得 혹은 資本損失의 推移는 [그림 3.6]에 나타난 80年代 중반 이후 株式에 대한 資本利得 혹은 資本損失의 推移와 거의 비슷하다. 결국 모든 項目의 效果를 종합하여 보더라도 80年代 중반 이후 非金融法人의 自己資本收益率 變動에 가장 큰 영향을 미쳐 왔던 것은 株式에 대한 資本利得 혹은 資本損失이었다.

80年代 중반 이후 減價償却費와 在庫費用 市價는 여전히 큰 規模였지만 대체로 안정된 推移를 보여 왔으므로 실제의 自己資本收益率 水準은 그만큼 더 낮았던 것으로 볼 수 있다. 土地의 경우에는 91年 이전에는 지속적으로 資本利得이 발생하였고 92年 이후에는 지속적으로 資本損失이 발생하였기 때문에 土地는 92年을 전후한 自己資本收益率의 하락추세를 설명할 수 있을 것이다. 반면에 株式에 대한 資本利得과 資本損失은 80年代 중반 이후 급격하게 變動하였기 때문에 自己資本收益率의 變動性은 주로 株式에 대한 資本利得과 資本損失에 의해 좌우되어 왔던 것이다.

80年代 중반 이후 우리나라 非金融法人의 自己資本收益率이 保有 중인 株式에 대한 資本利得 혹은 資本損失에 결정적으로 의존하여 왔음에도 불구하고 株式의 保有 比重이 신축적으로 調整되지 않았던 것도 중요한 특징이다. 非金融法人이 保有하고 있는 株式은 貸借對照表에서 關係會社 株式과 出資金으로 기재되어 있으므로 전형적인 相互出資에 해당된다. 이외에도 投資有價證券의 1/5를 株式으로 간주하여 市場價値와 資本利得을 推定하였지만 이들도 순수한 投資 目的에 의한 것으로 보기는 힘들다. 企業會計基準에 따르면 關係會社 株式과 出資金으로 기재할 수 있는 한도가 정해져 있어서 사실상 相互出資라고 하더라도 投資有價證券으로 기재하는 경우가 많기 때문이다.[51]

美國 企業과 美國 企業의 資本費用 차이를 설명하기 위한 기존의 研究에서 株式의 相互所有(cross holding)가 중요하게 다루어졌던 것과 마찬가지로 우리나라 非金融法人의 自己資本收益率을 研究하는 데 있어서도 系列社間 相互出資는 대단히 중요한 문제이다.[52] 相互出資로 保有되고 있는 株式은 規模가 신축적으로 調整

---

51) 企業會計基準에 따르면 關係會社는 다음의 조건 중 하나를 충족해야 한다. 첫째로 會社間에 發行株式 총수의 20% 이상이 所有되거나 出資되었을 경우와 둘째로 同一人이 2 이상의 會社에 대해 30% 이상 株式을 所有하거나 出資하였을 경우이다. 이 두 조건이 충족되지는 않았지만 사실상 系列社 關係에 있는 企業의 株式은 投資有價證券으로 분류하고 있다.

52) Ando and Auerbach(1990)에 따르면 日本 企業의 경우 自己資本—이들은 株式市場에서 평가된 市場價値를 이용하였다—對比 相互所有된 株式의 比重은 총자료를 이용할 때 70~89年의 기간 동안 0.33~0.38의 水準을 유지하였다고 한다. 본 研究가 이용한 우리나라 非金融法人에 대해 같은 比率을 계산하여 본 결과 이 比率의 80~96年

되지 않기 때문에 우리나라 非金融法人의 自己資本收益率은 앞으로도 保有 중인 株式價格의 變動에 가장 크게 의존하게 될 것이다.

2.4 預貸金利差와 不實債權

銀行 營業收益의 주요한 構成部分은 預貸業務에 따른 資金運用의 收益, 有價證券 投資에 따른 收益, 그리고 手受料 收益과 費用으로 이루어져 있다. 이 중에서 가장 중요한 것은 역시 預貸業務에 따른 資金運用收益과 費用이다. 하지만 資金運用收益과 費用의 帳簿價値도 市場價値와 괴리를 보일 가능성이 높다. 첫째로 인플레이션과 名目利子率 變動에 따른 資本利得과 資本損失의 發生 때문이고 둘째로 不實債權 發生이 過小評價되어 왔다고 판단되기 때문이다.

[그림 3.5]에는 銀行의 경우 純長期負債에 대한 資本利得─長期預受金과 長期收入賦金에 대한 資本利得에서 長期貸出金에 대한 資本損失을 빼 준 값─이 나타나 있다. 純長期負債에 대해서는 資本利得이 발생하는 것이 일반적이지만 82年에 大規模의 資本損失이 발생하였다. 이는 82年에 定期預金金利가 16%에서 8%로 크게 하락하였기 때문이다.

82年을 제외하면 전 시기에 걸쳐서 資本利得이 발생하였으며 특히 80年代 전반에는 資本利得의 規模가 커서 82年을 포함한다고 하더라도 自己資本市價 對比 純長期負債에 대한 資本利得은 平均 7.8%나 되었다. 80年代 전반 純長期負債에 대한 資本利得의 規模

平均은 0.43이었으므로 相互出資의 정도는 우리나라 非金融法人이 훨씬 더 심했던 것으로 볼 수 있다.

가 컸던 것은 인플레이션이 높았기 때문이다. 하지만 自己資本市價
對比 純長期負債에 대한 資本利得은 80年代 중반 이후 하락하여
3%를 중심으로 움직이고 있다. 이 比率은 90年代 중반에 이르면서
다시 높아지기도 하였는데 94年에는 5.48%, 96年에는 5.28%를 기
록하였다.

80年代 중반 이후 株式價格의 變動이 커지면서 有價證券에 대한
資本利得과 資本損失이 銀行의 自己資本收益率에 큰 영향을 미쳐
온 것은 사실이지만 全期間에 걸쳐서 純長期負債에 대한 資本利得
이 銀行의 收益性을 지탱해 온 주요한 要因이었다는 것은 분명하
다. 이러한 결과는 銀行의 預貸金利差를 통해서도 확인할 수 있다.

[그림 3.8] 預貸金利差

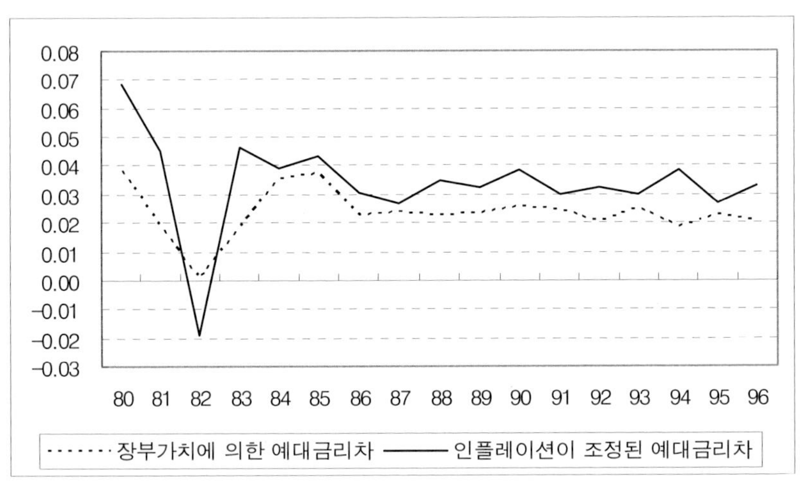

[그림 3.8]에는 帳簿價値에 의해 계산된 預貸金利差와 實質利子
率 變動에 대하여 調整된 預貸金利差가 나타나 있다.[53] 82年의 예

외적인 기간을 제외하면 調整된 預貸金利差는 帳簿價値에 의해 계산된 預貸金利差보다 항상 더 높았다. 즉 帳簿價値에 의한 預貸金利差의 全基間 平均은 2.34%였지만 調整된 預貸金利差의 全基間 平均은 3.39%로 1% 정도 더 높았다. 또한 82年의 예외적인 시기를 제외하면 80年代 전반의 調整된 預貸金利差는 대단히 높은 편이었지만 80年代 중반 이후 하락하여 3%~4%의 安定的인 水準을 유지하였다. 調整된 預貸金利差의 安定的인 趨勢는 90年代에도 계속해서 이어졌으므로 90年代 銀行의 收益性이 악화되었다고 하더라도 이것이 預貸金利差의 下落에 의한 것은 아니라는 점을 알 수 있다.

일반적으로 알려진 것보다 預貸金利差가 더 높았다는 결과는 이와 관련된 최근의 논의에 대해 중요한 시사점을 던져 주고 있다. 預貸金利差가 중요한 관심사가 되었던 것은 남주하 엮음(1997)이 우리나라에서 利子率이 높은 原因 중의 하나로 金融機關의 높은

---

53) '銀行經營統計'에 따르면 預貸金利差는 貸出金 平均利子率에서 預受金 平均利子率을 빼 준 값이다. 貸出金 平均利子率은 貸出金 利子를 貸出金 평잔으로 나누어 준 값이고 預受金 平均利子率은 預受金 利子를 預受金 평잔으로 나누어 준 값이다. 이때 貸出金 평잔은 원화 貸出金과 貸出性 他店權의 합으로 정의하며 預受金 평잔은 원화 預受金, 收入賦金, 讓渡性 預金에서 支準 預置金과 預金性 他店權으로 빼 준 값으로 정의한다. 본 硏究는 調整된 預貸金利差를 구하기 위해서 다음과 같은 작업을 하였다. 첫째로 財務諸表를 이용하였기 때문에 각 資料의 평잔이 아니라 말잔을 이용할 수밖에 없다. 둘째로 個別 銀行의 支準 預置金 資料를 구할 수 없었기 때문에 이 資料는 '調査統計月報'의 支準率 資料를 이용하여 계산하였다. 셋째로 他店權 資料는 '銀行經營統計'를 이용하여 각 銀行의 年度別 他店權 比率을 구하여 이를 이용하였다. 이러한 작업과 함께 貸出金 利子에서 資本損失을 빼 주고 預受金 利子에 資本利得을 빼 주면 調整된 預貸金利差를 얻게 된다.

130

金融仲介費用을 지적한 데서 비롯된다. 이에 대해 김동원(1996)은
'銀行經營統計'의 자료를 인용하면서 우리나라 銀行의 金融仲介費
用이 美國, 日本과 비교할 때 높지 않다고 주장하였다.[54]

김동원(1996)은 金融仲介費用의 지표로 여러 가지를 이용하였지
만 가장 일반적으로 이용되는 것은 預貸金利差이다. 그러므로 논의
의 초점은 우리나라 銀行의 預貸金利差가 과연 높은 것이냐에 달
려 있다. 따라서 우리나라 銀行의 預貸金利差가 일반적으로 알려진
것보다 1% 이상 더 높았다는 본 研究의 結果는 우리나라 銀行의
預貸金利差, 즉 金融仲介費用이 그다지 높지 않다는 주장을 그만큼
약화시키는 것이다. 요컨대 우리나라 銀行의 경우 실제의 預貸金利
差는 알려진 것보다 더 높은 편이었으며 이것이 앞에서도 언급한
바와 같이 우리나라 銀行의 收益性을 지탱해 주는 가장 중요한 要
因이었다. 또한 이렇게 높은 預貸金利差는 주로 인플레이션에 기인
한 것이므로 우리나라 銀行은 인플레이션으로 인해 상당한 혜택을
누려 온 편이다.

둘째로 우리나라 銀行의 경우 不實債權의 發生을 過小評價하여
財務諸表에 보고하는 것으로 보인다. 지동현(1997)에 따르면 우리
나라 銀行의 貸出資産 對比 貸損充當金 比率은 87~95年 平均
59%로 같은 기간 동안 美國 銀行의 平均 75%보다도 더 낮은 것
으로 보고되어 있다.

---

54) 김동원(1996)이 우리나라 銀行의 金融仲介費用이 높지 않다고 주장한
　　 것은 預貸金利差가 작기 때문이라기보다는 運營費用 등으로 測定한
　　 仲介費用이 크지 않다고 보았기 때문이다. 金融仲介費用의 이러한 測
　　 定 根據는 Fry(1997)에 의해서도 주장된 바 있으며 따라서 金融仲介
　　 費用에 관한 논의는 보다 광범위한 研究를 필요로 한다.

[그림 3.9] 自己資本市價 對比 貸損償却의 比率

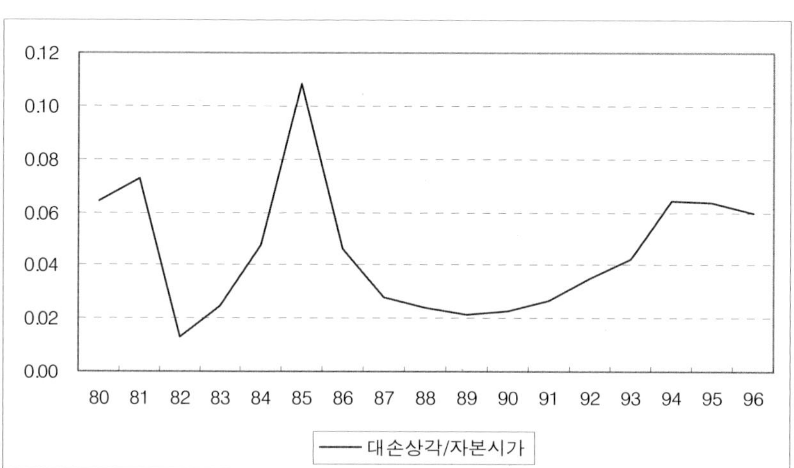

이 사실은 일반적으로 납득하기 힘든 것이기 때문에 우리나라 銀行이 不實債權의 規模를 실제보다 축소하여 보고하여 왔다고 結論짓고 있다. 따라서 財務諸表에 보고된 貸損償却도 당연히 過小評價되어 있을 것이다. 이와 같이 銀行의 自己資本收益率을 測定하는 데 있어서 가장 어려운 점은 不實債權의 規模를 정확히 알 수 없다는 점이다.

[그림 3.9]에는 自己資本市價 對比 貸損償却의 比率이 나타나 있으며 全基間에 걸친 이 比率의 平均은 4.5% 정도 되었다. 특히 이 比率은 89年의 低點에 도달한 이후 90年代에 들어서면서 증가하여 왔음을 알 수 있다. 한편 總與信55) 對比 貸損充當金 比率도 시간

---

55) 總與信은 貸出金(外貨 貸出金, 域外 外貨 貸出金 포함), 內國 輸入 유산스, 支給保證 代支給金, 콜론, 還買 條件附 債券 買收, 內國 信用狀 어음 買入, 信用카드 計定, 支給保證 代充, 與信性 假支給金을 모두 포함시킨 것으로 정의하였다.

이 지남에 따라 상승하여 왔다. 80年代 전반에 總與信 對比 貸損充當金은 平均 0.9%였으나 80年代 후반에는 平均 1.1%로 증가하였고 90年代에는 平均 1.3%로 더욱 높아졌다.

損益計算書에 보고된 貸損償却이 不實債權의 발생을 정확히 반영한 것이라고 하더라도 貸損償却이 自己資本收益率에 미치는 效果는 대단히 크다. 즉 自己資本市價 對比 貸損償却의 80~96年 平均이 4.5%나 되었으므로 銀行의 自己資本收益率은 그만큼 하락하였던 것이다. 하지만 自己資本市價 對比 貸損償却의 實際 比率이 美國 銀行의 것과 같다고 가정한다면 銀行의 自己資本收益率은 1.2% 더 떨어진다. 그리고 우리나라 銀行의 自己資本市價 對比 貸損償却의 實際 比率이 美國 銀行보다 1.5배 더 높다면 우리나라 銀行의 自己資本收益率은 4.1%나 더 떨어지게 된다. 이 경우 不實債權의 發生으로 인해 銀行의 自己資本收益率은 8.5%나 하락하는 셈이다.

銀行의 경우 減價償却費와 在庫費用이 없다는 점, 그리고 退職給與 充當金 轉入額이 큰 比重을 차지한다는 점이 非金融法人과 區分되는 가장 중요한 특징이다. 이로 인해 銀行의 自己資本收益率은 非金融法人에 비해 상대적으로 더 상승한 것으로 보인다. 하지만 第4章에서 다시 언급하게 되는 바와 같이 우리나라 銀行의 90年代 株式 投資收益率은 非金融法人의 것과 비교할 때 아주 낮은 수치를 보여주었다. 이러한 사실은 株式 投資者들이 銀行의 自己資本收益率을 아주 낮게 평가하였다는 것을 의미하는 것이므로 財務諸表接近法에 의해 調整된 自己資本收益率도 그만큼 낮아야 할 것이다. 그럼에도 불구하고 銀行의 調整된 自己資本收益率은 그다지 낮은 편이 아니었는데 그것은 주로 不實債權의 規模가 縮小 報告되어 왔기 때문일 것이다. 만약 不實債權의 實際 規模를 알 수 있다면 우리나라 銀行의 調整된 自己資本收益率은 적어도 90年代에 아주 낮은 값을 보여 왔을 것이다.

2.5 退職給與 充當金 轉入額

退職給與 充當金이란 장래에 지급될 退職給與를 위해 미리 적립해 두는 充當金이며 退職給與 充當金 轉入額은 각 연도에 充當金으로 새로이 전입되는 금액을 말한다. 즉 退職給與 充當金 轉入額은 실제로 지급되는 退職給與가 아니다. 실제로 지급되는 退職給與는 損益計算書에 退職金이라는 별도의 項目이 있기 때문에 退職給與 充當金 轉入額을 費用으로 계산하는 것은 重複計算의 문제를 안고 있다. 따라서 이 項目은 法人稅率에 의해 租稅 納付額을 계산하여 빼 준 후 收益에 더해 주어야 한다.

美國 企業과 美國 企業의 株價收益比率 차이를 설명하고자 했던 기존의 硏究들, 즉 Ando and Auerbach(1988b, 1990)나 French and Poterba(1991)에서는 美國 企業의 退職給與 充當金(pension reserve)이 兩國間 企業會計에 있어서 중요한 차이이므로 이를 調整해 주어야만 兩國間 株價收益比率의 비교가 가능하다고 했다. 우리나라 企業의 경우도 日本 企業과 유사한 退職給與 充當金 제도를 가지고 있으므로 이를 반드시 調整해 주어야 한다.

[표 3.8] 退職給與 充當金 및 轉入額의 比重

區分	非金融法人	銀行
退職給與 充當金 轉入額 / 自己資本市價		
80~85年	0.008	0.028
86~90年	0.009	0.013
91~96年	0.013	0.021
全基間	0.010	0.021
退職給與 充當金 / 人件費		
80~85年	0.997	0.511
86~90年	1.738	0.690
91~96年	2.181	1.246
全基間	1.633	0.823
退職給與 充當金 轉入額 / 人件費		
80~85年	0.049	0.107
86~90年	0.075	0.113
91~96年	0.087	0.231
全基間	0.070	0.153

[表 3.8]에 따르면 非金融法人의 경우 自己資本市價 對比 退職給與 充當金 轉入額의 規模는 80~96年 동안 平均 1% 정도로 무시할 수 있는 水準이 아니다. 또한 自己資本市價 對比 退職給與 充當金 轉入額의 比率이 서서히 증가하여 왔다는 점도 주목할 만하다. 80年代 전반에는 이 比率이 平均 0.8%였지만 80年代 후반에는 平均 0.9%로 늘어났고 90年代에는 1.3%로 크게 증가하였다.

또한 [表 3.8]을 보면 銀行의 경우 自己資本市價 對比 退職給與 充當金 轉入額의 比重은 非金融法人의 경우보다 훨씬 더 컸다. 銀行의 경우 自己資本市價 對比 退職給與 充當金 轉入額은 80~96年

平均 2.1%로 非金融法人의 2배 이상이나 되었다. 시간에 따른 변화도 중요한데 銀行의 경우 이 比率의 80年代 전반 平均은 2.8%로 상당히 높았지만 80年代 후반에 1.3%로 하락하였고 90年代에는 2.1%로 다시 증가하였다.

결국 非金融法人과 銀行 모두 退職給與 充當金 轉入額의 規模는 무시할 수 있는 水準이 아니었지만 그 規模는 상대적으로 銀行이 더 큰 편이었다. 우리나라 企業會計基準에 따르면 退職給與 充當金 轉入額은 費用으로 처리되기 때문에 帳簿價値에 의해 계산된 自己資本收益率이 過小評價된 것은 非金融法人과 銀行 모두에게 공통적인 것이었다. 다만 그 정도가 銀行의 경우 상대적으로 더 심했던 것뿐이다.

銀行의 경우 상대적으로 退職給與 充當金 轉入額의 比重이 컸던 것은 退職給與 充當金의 規模가 작았기 때문이다. 企業會計基準에 따르면 退職給與 充當金은 "전임직원이 일시에 퇴직한다고 가정할 때 지급해야 할 退職給與"를 적립해 두는 것이다. 하지만 실제로 企業들은 이 정도 크기의 充當金을 적립하지는 않는 것으로 지적되고 있다.56) 따라서 退職給與 充當金을 적게 설정한 企業들은 企業會計基準에 따라 보다 많은 退職給與 充當金을 적립하도록―즉 더 많은 退職給與 充當金 轉入額을 계상하도록―압력을 받게 된다.

실제로 [表 3.8]을 보면 人件費 對比 退職給與 充當金의 比重은 非金融法人이 銀行에 비해 거의 2배 정도 더 많다. 한편 人件費 對比 退職給與 充當金 轉入額의 比重은 銀行이 非金融法人에 비해 2배 이상 더 많은 편이었다. 따라서 人件費 對比 比率을 基準으로 할 때 非金融法人은 상대적으로 退職給與 充當金을 많이 적립해

---

56) 이에 대해서는 남상천(1996)을 참조할 것.

왔으므로 退職給與 充當金 轉入額을 늘려야 할 이유는 상대적으로 더 작은 편이다. 반면에 銀行은 적립된 退職給與 充當金이 작았기 때문에 보다 더 많은 退職給與 充當金 轉入額을 확보하지 않으면 안 되었던 것이다.

2.6 自己資本收益率의 分解

90年代 非金融法人과 銀行의 自己資本收益率이 크게 하락하였다는 것은 최근의 金融危機와 관련하여 시사하는 바가 크다. 우선 90年代 非金融法人의 收益性 惡化는 當期純利益의 減少에 의한 것이라기보다 硬直的으로 많이 保有하고 있던 土地와 株式에 大規模의 資本損失이 발생하였기 때문이었다. 반면에 銀行의 收益性 惡化는 非金融法人과는 달리 주로 營業利益의 減少에 그 원인이 있었다. 따라서 최근의 金融危機를 타개하기 위한 長期的인 對策도 이러한 관찰에 근거하여 수립되어야 할 것이다.

[그림 3.10]은 非金融法人의 調整된 自己資本收益率을 2개의 構成 部分으로 나누어 보여주고 있다. 첫 번째 構成 部分은 土地와 株式으로부터 발생한 收益, 즉 賃貸料와 配當金, 그리고 각각에 대한 資本利得과 資本損失이며 두 번째 構成 部分은 土地와 株式을 제외한 項目으로부터 발생한 收益—이하에서는 營業活動收益으로 부른다—이다. 그림은 각각을 自己資本市價로 나누어 준 것이므로 2개의 比率을 더하면 調整된 自己資本收益率이 된다.

이 그림에 따르면 80年代 전반에는 2개의 構成 部分이 모두 낮은 값을 보이고 있음을 알 수 있다. 그렇지만 80年代 중반에 이르면서 2개의 構成 部分은 모두 상승하기 시작하였고 90年代에 들어서면서 다시 하락하기 시작하였다. 하지만 90年代에 2개의 構成 部分이 보여주었던 하락의 크기는 80年代 전반과 달리 크게 변했다. 自己資本市價 對比를 基準으로 할 때 土地와 株式 保有로 인한 收益은 90年 이후 아주 낮은 값을 보여서 90年代 平均 −0.9%로 낮아졌다. 한편 營業活動收益도 90年代에는 하락하였지만 그래도 平均 3.4%에 이르고 있다.

[그림 3.10] 自己資本收益率 構成 部分의 分解(非金融法人)

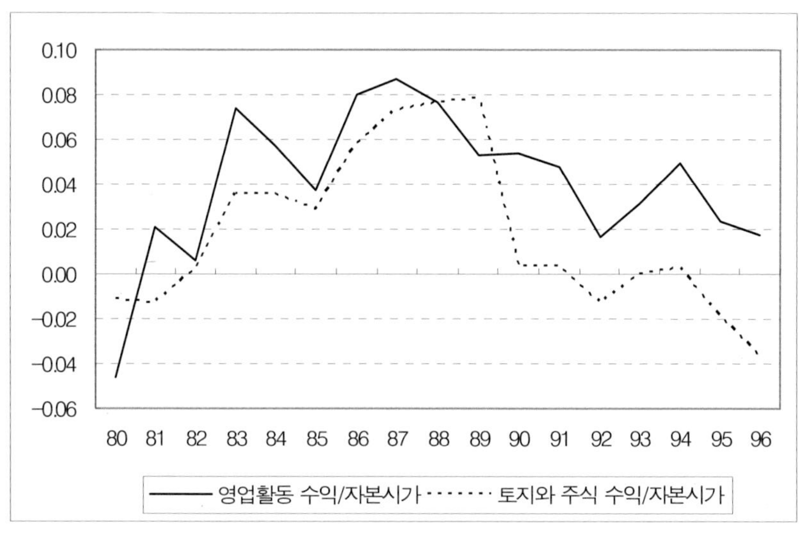

80年代 후반의 경우에는 自己資本市價 對比를 基準으로 할 때 土地와 株式으로 인한 收益이 平均 6.3%이었고 營業活動收益이 平均 6.7%로 비슷한 水準이었다. 이는 우리나라의 非金融法人이 이 시기에 높은 自己資本收益率을 올리고 있었지만 收益의 거의 절반을 土地와 株式 保有로 얻었다는 것을 의미한다. 이렇게 企業收益에서 큰 比重을 차지하고 있던 土地와 株式에 대해 90年代에는 大規模의 資本損失이 발생하였다. 따라서 企業收益은 크게 감소하게 되었고 自己資本收益率은 그만큼 더 하락하게 되었다.[57]

90年代에 非金融法人의 自己資本收益率이 크게 하락한 것은 營業活動收益의 감소에도 원인이 있다. 이들의 自己資本市價 對比 比率이 80年代 후반 平均 6.7%에서 90年代에는 平均 3.4%로 낮아졌기 때문이다. 그럼에도 불구하고 營業活動收益의 하락도 土地와 株式으로 인한 收益의 하락만큼 크지는 못했다. 즉 90年代 非金融法人의 自己資本收益率 하락은 他人資本費用의 완만한 상승과 賃金 上昇 등의 여러 要因들에 의해 설명되어야 하겠지만 가장 중요한 것은 土地와 株式 保有로 인해 오히려 大規模의 損失을 보았기 때문이다.

90年代에 우리나라 非金融法人은 資産市價 對比로 土地와 株式을 23.7%나 保有하고 있었다. 우리나라 非金融法人이 얼마나 土地와 株式을 많이 保有하고 있는가는 90年代에 固定資本과 在庫의 資産市價 對比 比率이 27.5%였다는 사실로부터 확실하게 알 수 있

---

57) 土地와 株式 投資收益率의 90年代 平均은 각각 −0.3%와 −0.8%에 지나지 않았다. 土地의 投資收益率은 賃貸料와 資本利得 혹은 資本損失을 土地市價로 나누어 준 값이며 株式의 投資收益率은 配當金과 資本利得 혹은 資本損失을 株式市價로 나누어 준 값이다.

다. 우리나라 非金融法人은 固定資本과 在庫만큼이나 土地와 株式을 많이 가지고 있는 셈이다. 따라서 우리나라 非金融法人의 自己資本收益率이 土地와 株式의 投資收益率에 대단히 크게 의존한다는 것은 당연한 일이다.

우리나라 非金融法人이 土地를 많이 保有하고 있다는 것은 잘 알려진 사실이지만 특이한 것은 土地價格이 계속해서 하락하였음에도 불구하고 非金融法人이 土地 保有를 줄이지 않았다는 점이다. 또한 우리나라 非金融法人이 株式을 많이 保有하고 있는 것은 系列社 關係 維持를 위한 相互出資 때문이므로 그 比重 또한 株式價格의 變動에 따라 신축적으로 調整되지 않았다. 따라서 硬直的인 土地와 株式 保有가 앞으로도 지속된다면 土地와 株式市場의 움직임에 따라 非金融法人의 收益性이 좌우되는 것은 피하기 힘든 일이다.

대표적으로 自己資本收益率이 낮았던 96年의 경우 土地와 株式으로부터 동시에 大規模의 資本損失이 발생하였는데 土地와 株式으로 인한 損失은 自己資本市價 對比로 무려 −3.7%나 되었다. 96年에는 營業活動으로 인한 收益도 1.7%로 크게 악화되었기 때문에 非金融法人의 收益性은 80年代 초반만큼이나 악화되었던 것이다. 하지만 80年代 초반의 收益性 惡化가 주로 인플레이션으로 인한 減價償却費와 在庫費用의 增加에 의한 것이었다면 96年의 收益性 惡化는 주로 土地와 株式 保有로 인한 大規模의 損失 때문이었다.

[그림 3.11] 自己資本收益率 構成 部分의 分解(銀行)

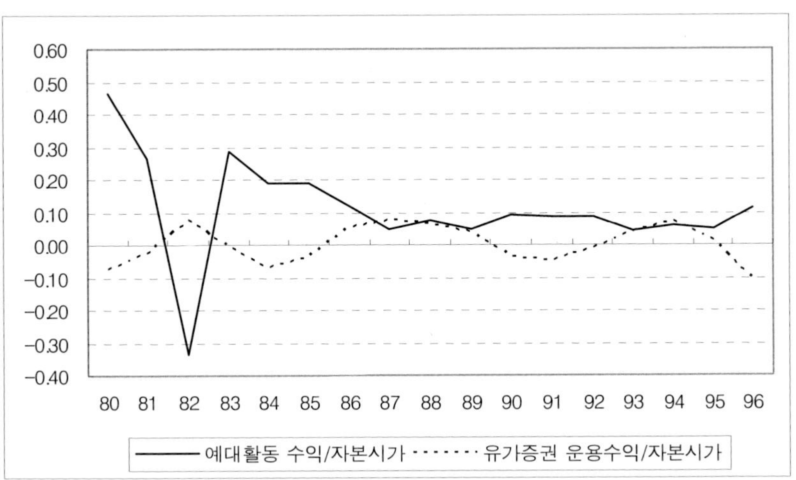

한편 [그림 3.11]에는 銀行의 調整된 自己資本收益率을 2개의 構成 部分으로 나누어 보여주고 있다. 첫 번째 構成 部分은 有價證券으로부터 발생한 收益이며 두 번째 構成 部分은 有價證券을 제외한 項目으로부터 발생한 收益—預貸活動 收益—이다. 이 그림에는 土地로 인한 收益이 별도로 표시되어 있지 않다. 이는 銀行의 경우 土地 保有가 작은 편이어서 土地로 인한 收益도 1% 이하의 낮은 값을 보여주었다. 따라서 土地로 인한 收益은 별도로 區分하지 않고 預貸活動 收益에 포함시켰다. 그림은 각각을 自己資本市價로 나누어 준 것이므로 역시 2개의 比率을 더하면 調整된 自己資本收益率이 된다.

이 그림에 따르면 有價證券 運用收益의 움직임은 全基間에 걸쳐서 큰 변화가 없었다. 물론 變動의 크기는 큰 편이어서 −10%와 10% 이내에서 큰 폭으로 움직였지만 이는 주로 株式價格의 變動에 의존하는 것으로 80年代 전반이나 90年代에도 그 유형은 같은 것이었다. 한편 預貸活動收益의 움직임은 80年代 전반의 높은 水準에서 ―물론 예외적인 기간인 82年을 제외할 때―크게 하락하여 87年 이후에는 10% 이내에서 대체로 安定的인 推移를 보여주고 있다.

따라서 80年 이후 銀行의 自己資本收益率이 보여 왔던 추세는 주로 預貸活動收益―주로 純長期負債에 대한 資本利得―에 의해 결정되어 왔으며 銀行의 自己資本收益率이 보여 왔던 變動性은 주로 有價證券 運用收益의 움직임에 의해 결정되어 왔다. 특히 87年 이후에는 有價證券 運用收益이 시기에 따라 큰 變動을 보였을 뿐이고 預貸活動收益은 5%~10%의 水準에서 별다른 변화를 보이지 않았다.

결국 이 결과만으로 이야기할 때 96年 銀行의 收益性 惡化가 있었다면[58] 이는 거의 대부분 有價證券 投資로 인한 損失―預貸活動收益은 오히려 96年에 상승하여 自己資本市價 對比로 11.5%로 높아졌다―에 의해 설명되어야 한다. 하지만 이러한 설명을 신뢰하기는 힘들다. 왜냐하면 우리나라 銀行이 不實債權의 發生 規模를 정확하게 財務諸表에 반영한다고 보기 힘들기 때문이다. 不實債權의 발생 規模가 財務諸表에 보고된 것보다 더 크다면 銀行의 調整된 自己資本收益率은 훨씬 더 다른 推移를 보여주었을 것이다.

따라서 90年代 銀行의 自己資本收益率이 크게 악화되어 왔다면 그 원인을 不實債權의 發生 이외에서 찾기는 힘들다. 바꾸어 말하

---

58) 90年代에 銀行의 收益性이 악화되었을 것이라고 판단하는 이유는 第4章에서 다루게 될 銀行 株式의 投資收益率이 대단히 낮은 水準―80年代 銀行 株式의 投資收益率과 비교하거나 혹은 90年代 非金融法人 株式의 投資收益率과 비교하더라도―이었기 때문이다.

면 銀行의 收益性이 악화된 원인은 주로 고유한 營業活動에 따른 收益의 惡化, 즉 不實債權의 增加에 있을 것이다. 이 결과는 非金融法人과 분명한 차이가 있다. 非金融法人의 경우에도 90年代에 營業活動收益의 惡化가 있었지만 그것보다는 주로 土地와 株式 保有로 인한 損失의 발생이 自己資本收益率 하락에 훨씬 더 큰 원인이 되었다. 반면에 銀行의 경우에는 주로 營業活動과 관련된 收益의 惡化, 즉 貸出業務와 관련된 損失의 增加가 큰 원인이 되었던 것이다.

第3節 自己資本收益率에 대한 規模 效果

여기에서는 우리나라 非金融法人의 自己資本收益率이 規模의 效果를 가지고 있는가에 대해 검토한다. 標本企業을 規模에 따라 3집단으로 분류하고 각 規模別 單純平均 自己資本收益率을 비교한다. 이어서 規模에 따라 어떠한 要因이 自己資本收益率에 가장 큰 영향을 미쳐 왔는가를 분석한다.

分類 基準인 企業의 規模는 80~96年의 資産市價 平均이다.[59) 大企業은 平均 規模가 3천억 원 이상인 69개 企業이고 小企業은 平均 規模가 6백억 원 이하인 60개 企業이며 中企業은 중간 規模의 92개 企業이다. 따라서 이하에서 언급하는 中小企業은 일반적으

---

59) 資産市價 總額은 資産의 帳簿價值 중에 固定資本, 土地, 長期金融資産의 帳簿價值를 市場價值로 調整해 주어 계산된 값이다.

로 정의되는 中小企業과는 다르다.

　規模의 效果가 있으리라고 판단되는 이유는 企業의 規模에 따라 資産構成과 負債比率이 크게 다르기 때문이다. 規模가 큰 企業은 相互出資關係를 유지하고 있을 가능성이 크기 때문에 상당한 規模의 株式을 保有하고 있을 것이다. 規模에 관계없이 우리나라 企業은 土地를 많이 保有하고 있는 편이지만 상대적으로 規模가 작은 企業이 土地를 더 많이 保有하고 있는 것으로 나타났다. 또한 負債比率도 規模에 따라 差異가 있었다. 規模가 큰 企業일수록 負債比率은 더 높은 편이어서 大企業群의 負債比率은 小企業群의 負債比率보다 2배 가까이 더 컸다.

　이하의 분석을 요약하면 다음과 같다. 첫째로 規模가 큰 企業일수록 帳簿價値에 의한 自己資本收益率뿐만 아니라 財務諸表 接近法에 의해 調整된 自己資本收益率도 더 낮은 편이었다. 둘째로 大企業群과 中小企業群의 가장 중요한 差異는 大企業群의 負債比率이 中小企業群의 負債比率보다 훨씬 더 높다는 점과 株式을 훨씬 더 많이 保有하고 있다는 점이다. 셋째로 이러한 差異로 인해 大企業群의 自己資本收益率은 營業活動에 따른 收益보다도 土地와 株式 保有에 따른 收益에 훨씬 더 많이 의존하였고 中小企業群의 自己資本收益率은 營業活動에 따른 收益과 土地와 株式 保有에 따른 收益에 비슷한 정도로 의존하였다.

3.1 規模에 따른 自己資本收益率의 推移

大企業群의 自己資本收益率은 中小企業群의 自己資本收益率보다 더 낮은 편이었다. 이러한 自己資本收益率의 規模別 差異는 帳簿價 值에 의해 계산된 自己資本收益率을 이용할 경우나 財務諸表 接近 法에 의해 調整된 自己資本收益率을 이용할 경우에도 발견되었다.

[그림 3.12]는 帳簿價值에 의해 계산된 自己資本收益率을 規模에 따라 區分하여 보여주고 있는데 中小企業群의 自己資本收益率은 大企業群의 것보다 항상 높았다. 80~96年의 기간 동안 中小企業群 의 平均 自己資本收益率은 각각 9.5%와 9.9%로 비슷한 水準이었 지만 大企業群의 平均 自己資本收益率은 6.8%에 불과하였다. 즉 中小企業群의 自己資本收益率은 大企業群의 것에 비해 平均的으로 2.7%와 3.1% 더 높았다.

[그림 3.12] 帳簿價值에 의한 自己資本收益率의 推移(規模別)

주) 退職給與 充當金 轉入額은 費用에서 제외한 것임.

한편 財務諸表 接近法에 의해 調整된 自己資本收益率의 경우에
도 規模에 따른 差異는 여전히 존재한다. [그림 3.13]과 [表 3.10]
에 따르면 中小企業群의 調整된 自己資本收益率은 86~88年을 제
외하면 全基間에 걸쳐 大企業群의 것보다 더 높았다. 80~96年의
기간 동안 中小企業群의 調整된 自己資本收益率 平均은 각각 6.3%
와 7%로 비슷한 水準이었지만 大企業群의 調整된 自己資本收益率
平均은 4.1%에 불과하였다. 즉 中小企業群의 調整된 自己資本收益
率은 大企業群의 調整된 自己資本收益率보다 平均的으로 2.2%와
2.9% 더 높았던 것이다.

물론 大企業群에 비해 小企業群의 調整된 自己資本收益率이 상
대적으로 더 높았다고 하더라도 市場利子率보다는 여전히 낮은 水
準이다. 즉 規模에 따른 自己資本收益率의 差異가 있었다고 하더라
도 우리나라 非金融法人의 自己資本收益率은 規模에 관계없이 市
場利子率보다 더 낮은 편이다.

中小企業群과 大企業群의 調整된 自己資本收益率 격차는 80年代
전반에 특히 큰 편이었다. 이는 주로 大企業群의 減價償却費와 在
庫費用 調整額이 中小企業群에 비해 훨씬 더 컸기 때문이다.
86~88年에는 大企業群의 調整된 自己資本收益率이 中小企業群에
비해 오히려 더 높았는데 이는 이 시기에 그만큼 株式에 대한 資
本利得이 크게 발생하였기 때문이다. 한편 90年代 초반에는 中小企
業群과 大企業群의 調整된 自己資本收益率 격차가 다시 크게 벌어
졌는데 이것도 주로 株式에 대한 資本損失이 中小企業群의 경우
더 작았기 때문이다.

[그림 3.13] 調整된 自己資本收益率의 推移(規模別)

[표 3.10] 調整된 自己資本收益率(規模別)

區分	大企業	中企業	小企業
調整된 自己資本收益率			
80	−0.088	−0.044	−0.037
81	−0.002	0.008	0.023
82	−0.045	0.025	0.045
83	0.074	0.115	0.139
84	0.074	0.099	0.104
85	0.040	0.084	0.064
86	0.163	0.121	0.139
87	0.186	0.146	0.154
88	0.160	0.146	0.155
89	0.117	0.141	0.130
90	0.017	0.070	0.081
91	0.004	0.070	0.074
92	−0.020	0.012	0.014

區分	大企業	中企業	小企業
93	0.028	0.035	0.029
94	0.046	0.059	0.050
95	−0.013	0.004	0.023
96	−0.045	−0.016	0.003
期間別 平均			
80~84年	0.003	0.041	0.055
85~89年	0.133	0.128	0.128
90~96年	0.002	0.033	0.039
全基間	0.041	0.063	0.070
期間別 標準偏差			
80年代	0.092	0.066	0.065
90年代	0.031	0.034	0.030
全基間	0.079	0.060	0.059

中小企業群과 大企業群의 收益率 격차는 自己資本收益率에서만 나타나는 것은 아니다. [表 3.11]에는 中小企業群과 大企業群의 總資産收益率(return on asset)[60]이 나타나 있는데 이 收益率도 中小企業群이 大企業群보다 거의 항상 더 높았다. 다만 94年에 大企業群의 總資産收益率이 中小企業群의 것보다 더 높았는데 이는 株式

---

[60] 여기에서 제시된 總資産收益率(return on asset : ROA)도 稅後 槪念이다. 따라서 稅後 總資産收益率은 다음과 같이 계산된다. 우선 分子는 앞에서 정의된 바 있는 調整된 企業收益과 負債에 대한 收益의 합이다. 이때 負債에 대한 收益은 損益計算書의 支給利子와 割引料, 社債利子와 長期負債에 대한 資本損失을 더한 것이며 이에 대해서도 法人稅를 納付한 이후의 稅後 價値를 適用한다. 한편 分母에 해당하는 資産價値는 앞에서 정의한 바와 같이 市場價値이다.

148

에 대한 資本利得 때문이었으며 80年 이후 中小企業群의 總資產收益率 平均은 5.1%와 5.5%로 大企業群의 平均 3.9%보다 1.2%와 1.6% 더 높았다. 따라서 大企業群의 收益率이 中小企業群의 것보다 더 낮았다는 결과가 뒤바뀌지는 않는다.

3.2 規模에 따른 각 項目의 效果

이상에서 살펴본 바와 같이 企業의 規模에 따라 調整된 自己資本收益率의 水準이 달랐던 것은 營業活動에 따른 收益의 差異뿐만 아니라 여러 要因들에 의해 설명되어야 한다. 여기에서는 規模에 따른 資產構成과 負債比率의 差異가 自己資本收益率에 어느 정도의 영향을 미쳤는지를 검토하기로 한다.

우선 大企業群과 中小企業群의 資產構成에서 가장 뚜렷한 差異는 負債比率의 差異이다. [表 3.12]는 期間別로 각 企業群의 平均 負債比率을 보여주고 있는데 80~96年 기간 동안 大企業群의 平均 負債比率은 405%로 中小企業群의 平均 負債比率 282%와 208%보다 훨씬 더 높았다.

負債比率이 더 높다는 것은 長期負債를 더 많이 이용할 경우 長期負債에 대한 資本利得의 利益을 더 많이 누릴 수 있다는 점에서 유리한 것이 사실이다. 하지만 여기에서 강조하고자 하는 것은 負債比率이 높을 경우 다양한 資產으로부터 발생하는 收益과 費用이 自己資本收益率에 미치는 效果가 훨씬 더 증폭된다는 점이다.

[表 3.11] 調整된 總資産收益率(規模別)

區分	大企業	中企業	小企業
調整된 總資産收益率			
80	0.007	0.023	0.015
81	0.034	0.044	0.050
82	0.035	0.035	0.052
83	0.035	0.069	0.082
84	0.048	0.066	0.069
85	0.042	0.061	0.064
86	0.063	0.067	0.082
87	0.067	0.074	0.088
88	0.075	0.081	0.089
89	0.057	0.075	0.080
90	0.022	0.043	0.053
91	0.028	0.049	0.052
92	0.026	0.040	0.046
93	0.033	0.043	0.036
94	0.041	0.042	0.030
95	0.030	0.035	0.031
96	0.015	0.027	0.020
期間別 平均			
80~84年	0.032	0.047	0.054
85~89年	0.061	0.072	0.081
90~96年	0.028	0.040	0.038
全基間	0.039	0.051	0.055
期間別 標準偏差			
80年代	0.020	0.019	0.023
90年代	0.008	0.007	0.012
全基間	0.018	0.018	0.024

150

[표 3.12] 規模別 負債比率

區分	大企業	中企業	小企業
負債比率			
80年代	4.065	2.749	2.144
90年代	4.033	2.925	1.999
全基間	4.052	2.821	2.084

예를 들어 資産 對比 土地의 比重이 같은 企業의 경우 土地에 대해 발생하는 資本利得의 크기는 같을 것이지만 이것이 自己資本 收益率에 미치는 效果는 負債比率이 높은 企業일수록 훨씬 더 크다. 왜냐하면 土地에 대한 資本利得이 自己資本收益率에 미치는 效果는 資産 對比 土地의 比重이 아니라 自己資本 對比 土地의 比重에 의존하기 때문이다. 즉 負債比率이 높은 企業일수록 自己資本 對比 土地의 比重은 더 높을 것이기 때문에 自己資本收益率은 더 큰 영향을 받게 된다.

이와 같이 負債比率이 높은 企業일수록 각 資産으로부터 발생하는 收益과 費用이 自己資本收益率의 水準에 미치는 效果는 더 커진다. 중요한 것은 自己資本收益率의 水準에 대한 效果가 커질 뿐만 아니라 이로 인한 自己資本收益率의 變動性도 또한 커진다는 점이다. 특히 우리나라의 경우 株式과 土地의 價値 變動이 심한 편이므로 負債比率이 높다는 것은 自己資本收益率의 變動性을 심화시키는 대단히 중요한 要因이다. 즉 大企業群의 負債比率은 小企業群의 負債比率에 거의 2배나 되었으므로 大企業群의 調整된 自己資本收益率이 小企業群에 비해 각 資産의 價値 變動에 훨씬 더 민감하게 반응하리라는 점은 명확하다. [表 3.10]에 따르더라도 負債比率의 높은 大企業群 自己資本收益率의 標準偏差는 中小企業群의 것보다 더 높은 편이다.

資産構成의 두 번째 差異로는 大企業群이 株式을 비롯한 長期金融資産을 많이 保有하고 있었던 반면에 小企業群은 土地를 많이 保有하고 있었다. 하지만 그렇다고 해서 大企業群과 비교할 때 小企業群의 自己資本收益率이 土地에 대한 資本利得에 더 크게 의존하였던 것은 아니다. 왜냐하면 大企業群의 負債比率은 小企業群보다 훨씬 더 높았기 때문에 自己資本 對比 土地의 比重은 오히려 小企業群보다 더 높았기 때문이다. 즉 資産 對比 土地의 比重은 大企業群이 더 낮았음에도 불구하고 自己資本 對比 土地의 比重은 大企業群이 더 높았기 때문에 土地에 대한 資本利得이 自己資本收益率에 미치는 效果는 大企業群의 경우 훨씬 더 컸다.

이하에서는 減價償却費와 在庫費用, 土地에 대한 資本利得 혹은 資本損失, 長期負債에 대한 資本利得, 각종 金融資産에 대한 資本利得과 資本損失의 效果가 企業의 規模에 따라 얼마나 다르게 나타났는지를 살펴보기로 한다.

첫째로 減價償却費와 在庫費用 調整額의 效果는 大企業의 경우 훨씬 더 컸다. [그림 3.15]에 따르면 시간에 따른 推移는 規模와 관계없이 거의 같지만 그 크기는 大企業群의 경우가 훨씬 더 컸던 것으로 나타나고 있다. 80~96年의 기간 동안 減價償却費와 在庫費用의 調整額은 大企業群의 自己資本收益率을 平均 6.2% 下落시켜 왔던 데 비해 中小企業群의 경우에는 각각 4.1%와 3.6% 下落시켜 왔다.

그렇다고 해서 大企業群이 小企業群에 비해 固定資本과 在庫를 상대적으로 더 많이 保有하여 왔던 것은 아니다. [表 3.13]에 따르면 資産市價 對比 固定資本과 在庫의 比率은 規模에 따라 큰 差異가 없었다. 在庫의 경우 小企業群은 오히려 大企業群보다 더 많은 保有하고 있었다. 하지만 大企業群의 負債比率이 小企業群의 負債比率보다 훨씬 더 높았기 때문에 自己資本市價 對比 固定資本과 在庫의 比率은 大企業群이 小企業群에 비해 더 높아졌다. 그리고 自己資本收益率에 미치는 效果는 自己資本市價 對比 比率에 의존하는 것이므로 大企業群의 自己資本收益率이 小企業群에 비해 減價償却費와 在庫費用에 의한 영향을 훨씬 더 크게 받았다.

第2節에서도 언급했던 바와 같이 80年 이후 全基間에 걸쳐 우리나라 非金融法人의 自己資本收益率에 가장 큰 영향을 미치는 要因은 減價償却費와 在庫費用이다. 이러한 특징은 規模와 관계없이 모두 같았다. 즉 中小企業의 경우에도 大企業과 마찬가지로 自己資本收益率에 가장 큰 영향을 미치는 要因은 減價償却費와 在庫費用이었다.

[그림 3.14] 減價償却費, 在庫費用의 效果(規模別)

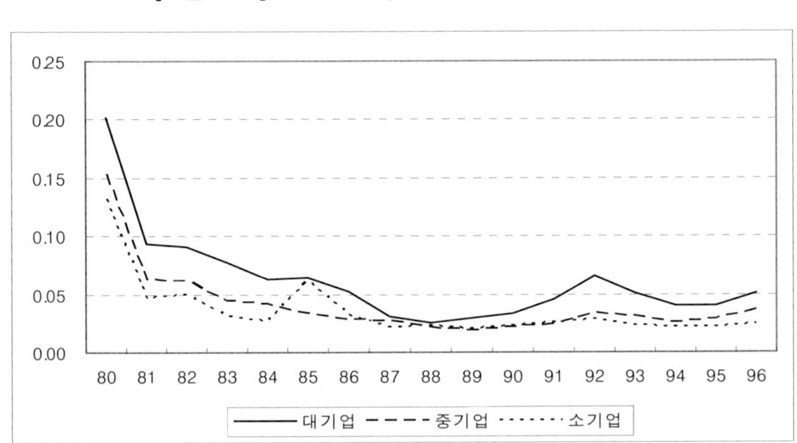

[그림 3.15] 土地에 대한 資本利得의 效果(規模別)

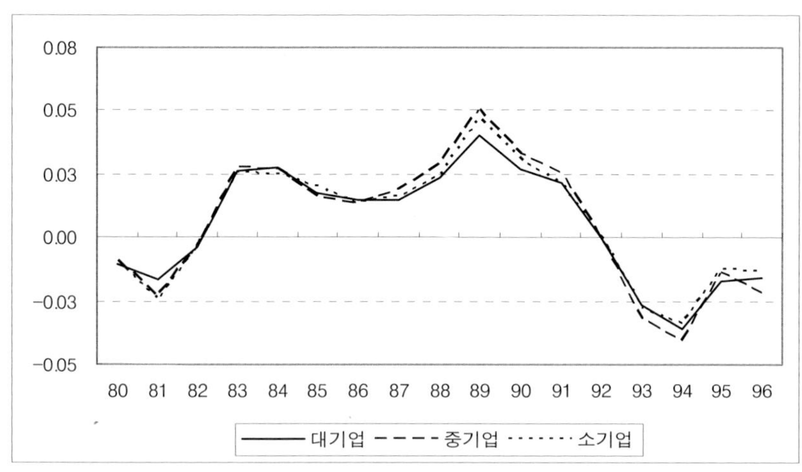

[표 3.13] 固定資本과 在庫의 比重(規模別)

區分	大企業	中企業	小企業
資産市價 對比 固定資本市價			
80~85年	0.238	0.237	0.210
86~90年	0.170	0.183	0.190
91~96年	0.168	0.158	0.153
全基間	0.189	0.188	0.181
自己資本市價 對比 固定資本市價			
80~85年	1.221	0.885	0.622
86~90年	0.821	0.648	0.673
91~96年	0.901	0.689	0.518
全基間	0.972	0.735	0.594
資産市價 對比 前期 在庫			
80~85年	0.136	0.157	0.150
86~90年	0.121	0.146	0.148

區分	大企業	中企業	小企業
91~96年	0.101	0.118	0.130
全基間	0.116	0.136	0.141
自己資本市價 對比 前期 在庫			
80~85年	0.758	0.686	0.446
86~90年	0.572	0.597	0.489
91~96年	0.512	0.471	0.397
全基間	0.592	0.564	0.438

결국 大企業群의 경우 中小企業群에 비해 減價償却費와 在庫費用 調整額의 크기가 훨씬 더 컸다는 것은 大企業群의 調整된 自己資本收益率이 中小企業群의 것보다 더 낮아야 한다는 것을 의미하고 있다. 그리고 그 이유는 大企業群이 中小企業群에 비해 固定資本과 在庫를 더 많이 保有하였기 때문이 아니라 負債比率이 훨씬 더 높았기 때문이다.

둘째로 土地에 대한 資本利得의 效果는 規模에 따라 큰 差異가 없었다. [그림 3.15]를 보면 土地에 대한 資本利得의 效果는 中小企業群이 大企業群에 비해 상대적으로 더 컸다. 하지만 그 差異가 별로 큰 것은 아니었다. 80~96年의 기간 동안 自己資本市價 對比 土地에 대한 資本利得(資本損失 포함)의 平均은 大企業群이 0.51% 였으며 中小企業群은 0.57%와 0.58%로 큰 差異가 없었다.

中小企業群이 大企業群에 비해 상대적으로 土地를 더 많이 保有하고 있었음에도 불구하고 自己資本收益率에 대한 土地 資本利得의 效果가 비슷하게 나타났던 것은 역시 大企業群의 負債比率이 더 높았기 때문이다. [表 3.14]에 따르면 資産市價 對比 土地의 比

重은 小企業群이 大企業群보다 더 높았지만 自己資本市價 對比 土地의 比重은 오히려 大企業群이 小企業群보다 더 높았다.

셋째로 長期負債에 대한 資本利得의 效果는 大企業群의 경우가 훨씬 더 컸다. 이미 언급한 바와 같이 大企業群의 負債比率은 小企業群의 것에 거의 2배 정도 되었기 때문에 長期負債에 대한 資本利得의 크기는 훨씬 더 컸다.[61] [그림 3.16]을 보면 이 項目이 80~96年의 기간 동안 自己資本收益率에 미치는 效果는 大企業群의 경우 平均이 2.1%나 되었지만 小企業群의 경우 1%에 그치고 있다.

大企業群의 負債比率이 中小企業群의 負債比率보다 더 높았다는 사실은 大企業群이 長期金融負債에 대한 資本利得의 이익을 상대적으로 더 많이 누릴 수 있었다는 점에서 유리한 것이다. 하지만 앞에서 언급했던 바와 같이 負債比率이 높은 企業일수록 減價償却費와 在庫費用 調整額 등의 效果가 더 커진다는 사실은 오히려 大企業群의 自己資本收益率이 더 낮아지게 하는 要因이 된다. 負債比率이 더 높을 경우 自己資本收益率에 더 유리할 것인가 혹은 더 불리할 것인가는 각 效果의 크기를 비교해 보아야 할 것이다.

---

61) 물론 이 項目의 크기가 정확히 負債比率에 의존하는 것은 아니다. 長期負債에 대한 資本利得의 크기를 가늠하기 위해서는 自己資本市價 對比 長期負債의 比重을 비교하는 것이 좋다. 다만 標本企業을 대상으로 하였을 때 大企業群과 中小企業群의 負債 중 長短期比率은 거의 같았기 때문에 추가적인 비교는 생략한다.

156

[표 3.14] 土地와 長期金融資産의 比重(規模別)

區分	大企業	中企業	小企業
資産市價 對比 土地市價			
80~85年	0.085	0.135	0.150
86~90年	0.107	0.153	0.148
91~96年	0.129	0.171	0.183
全基間	0.110	0.155	0.163
自己資本市價 對比 土地市價			
80~85年	0.395	0.412	0.381
86~90年	0.435	0.459	0.425
91~96年	0.553	0.614	0.478
全基間	0.472	0.509	0.434
資産市價 對比 長期金融資産市價			
80~85年	0.084	0.070	0.077
86~90年	0.159	0.115	0.103
91~96年	0.175	0.152	0.131
全基間	0.144	0.117	0.107
自己資本市價 對比 長期金融資産市價			
80~85年	0.465	0.255	0.218
86~90年	0.643	0.337	0.311
91~96年	0.777	0.544	0.399
全基間	0.645	0.398	0.319

80~96年의 기간 동안 自己資本市價 對比 減價償却費와 在庫費
用의 調整額은 大企業群의 경우 平均 6.2%였던 반면에 小企業群의
경우에는 平均 3.6%였으므로 大企業群과 小企業群의 差異는 2.6%

나 된다. 하지만 自己資本市價 對比 長期負債에 대한 資本利得이 大企業群의 경우 平均 2.1%였고 小企業群의 경우 平均 1%로 그 差異가 1.1%에 그쳤다. 따라서 減價償却費와 在庫費用의 調整額, 그리고 長期負債에 대한 資本利得만을 비교한다면 負債比率이 높은 大企業群의 自己資本收益率은 小企業群의 것에 비해 1.5% 더 낮았어야 했던 것이다.

물론 負債比率의 效果는 훨씬 더 광범위한 것이므로 負債比率이 높을수록 自己資本收益率이 더 낮았다고 말하기는 힘들다. 하지만 負債比率이 높아서 얻게 되는 資本利得의 혜택보다는 그것으로 인한 減價償却費와 在庫費用 增加의 損失이 더 크다는 것만은 분명하다.

넷째로 長期金融資産에 대한 資本利得 혹은 資本損失의 效果는 大企業群의 경우가 훨씬 더 컸다. [그림 3.17]을 보면 自己資本市價 對比 長期金融資産에 대한 資本利得 혹은 資本損失은 大企業群의 경우가 中小企業群의 경우보다 2배 이상이나 되었음을 알 수 있다. 또한 長期金融資産의 效果가 거의 大部分 株式의 效果에 의해 좌우되었다는 사실도 規模에 따라 큰 差異가 없었다.

[표 3.15]에 따르면 資産市價 對比 長期金融資産 市價의 比重이나 自己資本市價 對比 長期金融資産 市價의 比重 모두 大企業群의 경우가 小企業群의 경우보다 훨씬 더 컸으므로 그에 따른 資本利得 혹은 資本損失의 效果도 훨씬 더 컸다.

중요한 것은 企業의 規模에 따른 長期金融資産 構成의 差異이다. [표 3.15]는 長期金融資産의 構成을 보여주고 있다. 金融資産 構成에서 大企業群은 預金, 債券에 비해 상대적으로 株式을 더 많이 保有하고 있으며 小企業群은 株式에 비해 상대적으로 預金과 債券을

158

더 많이 保有하고 있음을 알 수 있다. 여기에서 특기할 만한 것은 資産市價 對比 比重을 基準으로 할 때 小企業群이 大企業群보다도 더 많은 預金과 債券을 保有하고 있다는 점이다.

資産市價 對比 比率을 基準으로 할 때 大企業群이 小企業群에 비해 株式을 많이 保有하고 있는 것은 規模가 큰 企業일수록 相互 出資를 많이 하고 있다는 점에서 당연하다. 하지만 資産市價 對比 比率을 基準으로 할 때 小企業群이 大企業群에 비해 預金과 債券을 더 많이 保有하고 있는 것은 언급할 만한 價値가 있는 일이다.

[그림 3.16] 長期負債에 대한 資本利得의 效果(規模別)

[그림 3.17] 金融資産에 대한 資本利得의 效果(規模別)

[표 3.15] 金融資産의 比重(規模別)

區分	大企業	中企業	小企業
資産市價 對比 株式市價			
80~85年	0.038	0.019	0.014
86~90年	0.108	0.062	0.033
91~96年	0.106	0.076	0.047
全基間	0.087	0.055	0.033
自己資本市價 對比 株式市價			
80~85年	0.222	0.062	0.036
86~90年	0.399	0.163	0.079
91~96年	0.415	0.243	0.123
全基間	0.354	0.166	0.085

區分	大企業	中企業	小企業
資産市價 對比 預金, 債券市價			
80~85年	0.044	0.048	0.059
86~90年	0.050	0.051	0.067
91~96年	0.067	0.074	0.081
全基間	0.055	0.059	0.071
自己資本市價 對比 預金, 債券市價			
80~85年	0.231	0.178	0.168
86~90年	0.236	0.165	0.217
91~96年	0.351	0.292	0.266
全基間	0.282	0.221	0.223

資本費用의 推定에 관한 기존의 研究는 非金融法人의 預金과 債券 買入을 拘束性 兩建預金(compensating balance)으로 간주한다.[62] 따라서 이 견해에 따르자면 小企業群이 大企業群보다도 預金과 債券을 더 많이 保有하였다는 사실은 規模가 작은 企業일수록 資金調達過程에서 보다 많은 拘束性 兩建預金을 요구받았던 것으로 해석할 수 있는 일이다.

大企業群이 保有하고 있는 株式의 比重이 얼마나 큰 것인가는 土地가 차지하는 比重과 비교해 보면 쉽게 알 수 있는 일이다. 80

---

[62] 拘束性 兩建預金으로 간주하는 資産項目의 범위는 研究者에 따라 조금씩 다르다. 기존의 研究에는 預金 項目에만 拘束性 兩建預金이 포함되어 있을 것으로 간주하는 경향이 있다. 하지만 債券 項目에도 상당한 部分의 拘束性 兩建預金이 포함되어 있을 것으로 보인다. 예를 들어 産業金融債券이나 長期信用債券의 경우에는 대출과 결부되어 발행되는 일이 빈번한 것으로 알려져 있다.

年代 후반 資産市價 對比 株式의 比重은 平均 10.8%로 資産市價 對比 土地의 比重 10.7%보다 오히려 더 높았다. 90年代에는 資産市價 對比 株式의 比重이 平均 10.6%로 資産市價 對比 土地의 比重 12.6%보다 낮기는 하였지만 여전히 높은 수치이다. 따라서 80年代 중반 이후 大企業群의 自己資本收益率은 株式價格의 變動에 대단히 민감하게 의존할 수밖에 없었다. 이 점에 있어서는 中小企業群도 별로 다르지 않았으나 정도의 差異는 대단히 큰 편이었다.

　自己資本收益率에 영향을 미치는 각 項目의 중요도나 時間에 따른 推移는 規模에 관계없이 비슷한 편이다. 大企業群이나 中小企業群 모두 減價償却費와 在庫費用의 效果가 가장 큰 편이었고 80年代 중반 이후 金融資産에 대한 資本利得, 특히 株式에 대한 資本利得이 自己資本收益率의 變動을 주도하여 왔던 것도 공통적이었다. 다만 정도의 差異가 있을 뿐인데 모든 資産 項目에 대한 資本利得과 資本損失이 自己資本收益率에 미치는 效果는 規模가 큰 企業일수록 더 컸다. 특히 大企業群의 경우 株式에 대한 資本利得과 資本損失은 小企業과 비교할 때 2배 이상의 엄청난 效果를 가지고 있었다.[63]

　規模에 따른 각 項目의 效果를 비교할 때 반드시 언급해야 할 것이 있다. 그것은 大企業群의 負債比率이 小企業群의 것보다 거의 2배 가까이 된다는 점이다. 負債比率이 상대적으로 더 높다는 것은 自己資本收益率이 각 項目의 效果에 대해서 훨씬 더 민감하게 반응한다

---

63) '企業經營分析'에 따르더라도 中小企業은 大企業에 비해 상대적으로 土地를 더 많이 保有하고 있는 것으로 나타났다. 또한 이 자료가 株式을 별도로 區分하고 있지는 않지만 株式을 포함하고 있는 投資資産이 차지하는 比重은 大企業의 경우가 中小企業의 경우보다 상대적으로 더 크다.

는 것을 의미한다. 예를 들어 減價償却費와 在庫費用의 效果가 그러하다. 실제로 資産市價 對比 固定資本이나 在庫의 比重은 小企業群의 경우가 大企業群의 경우보다 상대적으로 더 높았음에도 불구하고 大企業群의 負債比率이 더 높았기 때문에 自己資本市價 對比 固定資本과 在庫의 比重은 大企業群이 상대적으로 더 높은 편이었다. 따라서 大企業群의 自己資本收益率이 減價償却費와 在庫費用에 훨씬 더 크게 의존하는 결과를 가져왔다. 이러한 현상이 減價償却費와 在庫費用의 경우에만 발생하는 것은 아니다. 즉 大企業群의 自己資本收益率은 단지 負債比率이 높았기 때문에 資産의 각 項目에 대한 資本利得 혹은 資本損失에 더 많이 의존하게 되었던 것이다.

3.3 自己資本收益率의 分解

여기에서는 각 企業群의 調整된 自己資本收益率을 2개의 構成 部分으로 分解한다. 첫 번째 構成 部分은 土地와 株式으로부터 발생한 收益, 즉 賃貸料와 配當金, 그리고 각각에 대한 資本利得과 資本損失이며 두 번째 構成 部分은 土地와 株式을 제외한 項目으로부터 발생한 收益—이하에서는 營業活動 收益이라고 부른다—이다. 그림은 각각을 自己資本市價로 나누어 준 것이므로 2개의 比率을 더하면 調整된 自己資本收益率이 된다. [그림 3.18]과 [그림 3.19]는 大企業群과 小企業群의 調整된 自己資本收益率을 2개의 構成 部分으로 나누어 보여주고 있다.

[그림 3.18] 調整된 自己資本收益率의 分解(大企業)

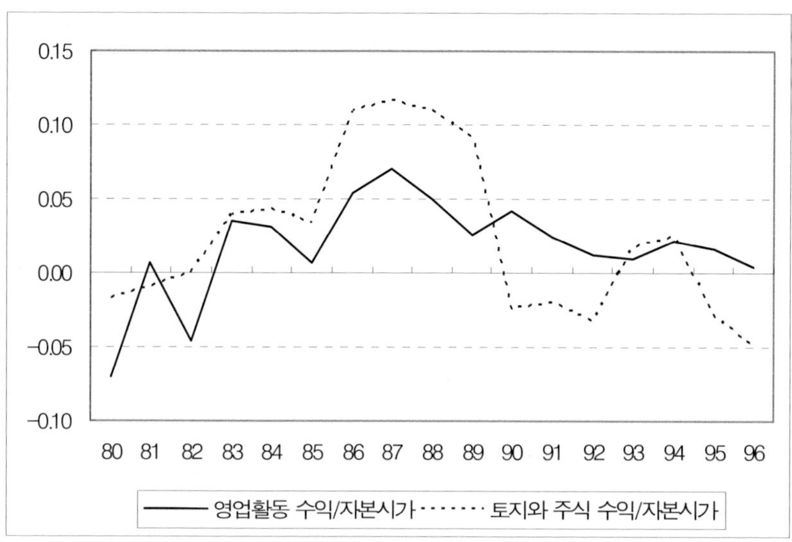

[그림 3.19] 調整된 自己資本收益率의 分解(小企業)

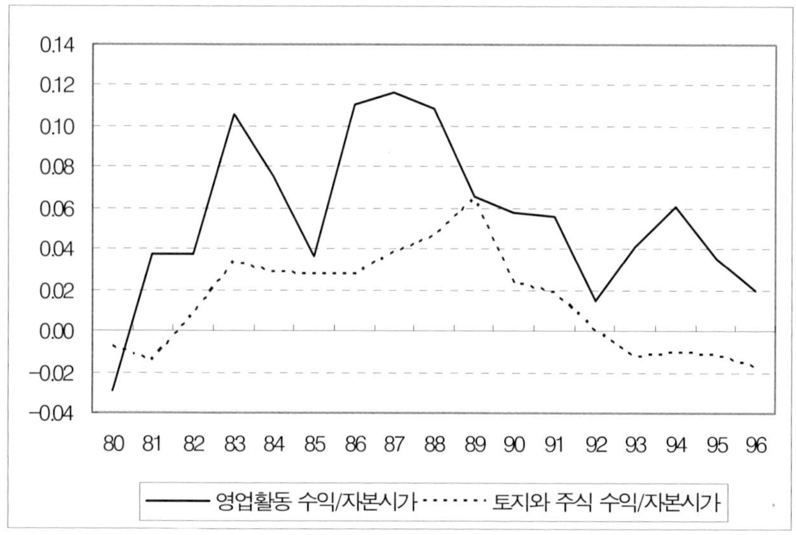

164

大企業群과 小企業群의 가장 큰 差異点은 大企業群의 경우 自己資本市價 對比 營業活動 收益이 아주 낮았다는 점이다. 80~96年의 全基間에 걸쳐 自己資本市價 對比 營業活動 收益은 大企業이 平均 1.7%로 小企業의 平均 5.6%보다 무려 3.9%나 더 낮았다.

물론 大企業群의 경우 減價償却費와 在庫費用이 상대적으로 더 컸기 때문에 營業活動 收益이 더 낮기는 하였다. 하지만 大企業群의 경우 長期負債에 대한 資本利得을 상대적으로 더 많이 얻었으므로 이들 두 效果를 더한다면 그 效果는 1.5% 정도에 그친다. 따라서 大企業群과 小企業群의 差異 3.9% 중 2.4%가량은 營業活動의 收益性 差異에 의해서 설명될 수밖에 없다.[64] 이러한 결과는 우리나라 大企業의 營業活動 收益性이 小企業群의 營業活動 收益性보다 더 낮다는 것을 의미한다.

두 번째 差異点은 大企業群의 경우 土地와 株式 收益이 營業活動 收益보다 더 컸던 반면에 小企業群의 경우에는 營業活動 收益이 土地와 株式 收益보다 더 컸다는 점이다. 大企業의 경우 80~96年의 全基間에 걸쳐 自己資本市價 對比 土地와 株式 收益은 平均 2.4%였지만 營業活動 收益은 平均 1.7%에 불과하였다. 이와는 반대로 小企業의 경우 80~96年의 全基間에 걸쳐 自己資本市價 對比 土地와 株式 收益은 平均 1.4%였지만 營業活動 收益은 平均 5.6%에 이르렀다. 이러한 결과는 우리나라 大企業이 주로 土地와 株式 投資로 收益을 올렸던 반면에 小企業은 주로 營業活動으로부터 收

---

64) 이외에도 預金과 債券에 대한 收益이 여기에 포함되어 있지만 自己資本市價 對比로 볼 때 預金과 債券의 比重도 大企業群이 더 높았으므로 大企業群의 自己資本收益率이 더 낮아야 할 이유는 되지 못한다.

盆을 올렸다는 사실을 의미한다.

大企業群과 小企業群의 이러한 差異는 90年代에도 변화되지 않았다. 90年代에 약간의 差異가 있었다면 첫째로 80年代와는 달리 自己資本市價 對比 土地와 株式 收益이 平均的으로 (-)의 값을 보였다는 점, 둘째로 93~94年에는 大企業群의 自己資本市價 對比 土地와 株式 收益이 小企業群과는 달리 (+)의 값을 보여주었다는 점이다.65) 이러한 差異에도 불구하고 小企業群과 비교할 때 大企業群의 自己資本收益率이 土地와 株式 收益에 더 크게 의존하였고 營業活動 收益이 더 작았다는 점에는 달라진 것이 없다.

따라서 90年代에 大企業群과 小企業群의 自己資本收益率이 크게 낮아진 것은 원인이 약간 다르다. 大企業群의 경우에는 自己資本收益率이 주로 土地와 株式 收益에 의존하였기 때문에 90年代의 收益性 惡化는 주로 土地와 株式으로부터 大規模의 損失을 입었기 때문이다. 반면에 小企業群의 自己資本收益率 下落은 土地와 株式 保有로 인한 損失과 營業活動 收益의 減少에 모두 원인이 있었다.

우선 大企業群의 경우를 보면 80年代 후반의 경우에는 自己資本市價 對比를 基準으로 할 때 土地와 株式으로 인한 收益이 平均 9.2%나 되었고 營業活動 收益이 平均 4.2%로 훨씬 더 낮았다. 그런데 90年代에는 自己資本市價 對比 土地와 株式 收益이 -1.6%로 80年代 후반과 비교하면 무려 10.8%나 下落하였다. 반면에 90年代 自己資本市價 對比 營業活動 收益은 平均 1.8%로 80年代 후반과 비교할 때 2.4%

---

65) 이 시기에 大企業群의 土地와 株式 收益이 (+)의 값을 보여주었던 것은 大企業群이 株式을 많이 보유하고 있어서 株式에 대해 資本利得이 발생하였기 때문이다.

下落하였다. 따라서 90年代 大企業群의 收益性 惡化가 營業活動으로 인한 收益의 減少에도 원인이 있었지만 그것이 土地와 株式 收益의 下落과 비교할 정도는 되지 못한다. 90年代 大企業群의 自己資本收益率 下落은 거의 大部分 土地와 株式으로 인한 損失 때문이었다.

한편 小企業群의 경우를 보면 80年代 후반의 경우에는 自己資本市價 對比를 基準으로 할 때 土地와 株式으로 인한 收益이 平均 4.1%였고 營業活動 收益이 平均 8.8%로 훨씬 더 높았다. 그런데 90年代에는 自己資本市價 對比 營業活動 收益이 平均 4.1%로 80年代 후반과 비교할 때 4.7%나 下落하였다. 반면에 自己資本市價 對比 土地와 株式 收益은 90年代 平均 −0.1%로 80年代 후반과 비교할 때 4.2% 下落하였다. 따라서 80年代 후반의 收益性과 비교할 때 90年代 小企業群의 收益性 惡化는 營業活動 收益의 減少와 土地와 株式 收益의 下落에 비슷한 정도로 책임이 있다. 요컨대 90年代 小企業群의 自己資本收益率 下落은 土地와 株式 保有로 인한 收益뿐만 아니라 營業活動 收益의 減少에도 그 원인이 있다.

96年의 경우만을 보더라도 土地와 株式으로부터 동시에 大規模의 資本損失이 발생하였는데 大企業群의 경우 土地와 株式으로 인한 損失은 自己資本市價 對比로 무려 −4.9%나 되었고 自己資本收益率은 −4.6%로 크게 떨어졌다. 반면에 小企業群의 경우 土地와 株式으로 인한 損失은 自己資本市價 對比로 −1.7%에 그쳤으며 自己資本收益率은 0.3%로 떨어졌다. 결국 96年에 이르면 大企業은 土地와 株式 保有로 인한 損失 때문에 심각한 收益性 惡化를 겪어야 했다. 小企業群의 경우에도 收益性 惡化가 없었던 것은 아니지만 그 정도는 大企業群에 비해 상대적으로 양호한 편이었다.

第4章

株式 投資收益率에 의한 自己資本收益率

投資收益率은 財務諸表를 이용하여 구한 會計的 測定値와는 달리 株式市場의 資料로부터 직접 株主의 收益率을 구하는 것으로 순수하게 市場 測定値이다. 물론 投資者의 입장에서는 株式 投資收益率이야말로 가장 정확한 收益率이다. 그럼에도 불구하고 株式 投資收益率이 企業收益에 기초한 收益率, 즉 自己資本收益率로 받아들여지기 위해서는―같은 의미이지만 株式 投資收益率에 의해 企業活動의 收益性을 평가할 수 있기 위해서는―株式市場의 效率性이 충족되어야 한다.

財務諸表 接近法에 의한 작업은 損益計算書의 費用 項目과 收益 項目에 반영되지 않는 요소를 個別企業의 財務諸表 資料로부터 推定하는 것이다. 그런데 株式市場이 效率的이라면 株式 投資者들은 이러한 企業情報를 충분히 파악하여 행동할 것이기 때문에 株式價格은 企業收益에 관한 정확한 情報에 기초해서 결정될 것이다. 따라서 이러한 경우에 企業收益을 충분히 반영한 自己資本收益率을 구하고자 한다면 株式市場의 資料로부터 株式 投資收益率을 구하는 것만으로 충분하다.

하지만 株式市場의 效率性이 가정된다고 하더라도 株式 投資收益率은 第3章에서 설명된 調整된 自己資本收益率과 엄밀하게 區分된다. 첫째로 調整된 自己資本收益率이 當該 年度의 企業收益만을 반영하는 데 비해 株式 投資收益率은 미래 企業收益의 흐름에 대한 예상을 반영한다. 이는 株式價格이 미래 企業收益의 흐름에 대한 예상에 기초해서 결정되기 때문이다. 따라서 當該 年度의 企業收益은 낮은 편이었지만 '當該 年度 이후'부터 企業收益의 흐름이 높아질 것이라고 예상된다면 이 企業 株式의 投資收益率은 높아진다. 반면에 財務諸表 接近法에 의해 調整된 이 企業의 自己資本收益率은 當該 年度의 收益만을 반영할 뿐이므로 株式 投資收益率보다는 낮은 값을 보여야 할 것이다.

둘째로 調整된 自己資本收益率과 달리 株式 投資收益率은 割引率(discount rate)에 의존한다. 이때 割引率은 無危險 利子率(risk free interest rate)과 危險 프레미엄(risk premium)을 포함하는 것이므로 株式 投資收益率과 財務諸表 接近法에 의해 調整된 自己資本收益率은 엄격하게 區分되는 槪念이다. 따라서 自己資本收益率의 두 測定値를 비교하고자 할 때는 割引率의 변화를 고려하지 않으면 안 되며, 특히 株式 投資收益率의 企業間 比較를 위해서는 危險의 差異가 반영되어 있다는 점을 충분히 고려해야 한다.

결국 財務諸表 接近法에 의해 調整된 自己資本收益率과 株式 投資收益率은 모두 企業活動의 收益性을 평가하기 위한 測定値로서 유효한 것이지만 이 두 가지 測定値를 비교하기 위해서는 위에 설명된 差異点들이 고려되어야 한다. 하지만 두 測定値의 差異点으로부터 얻을 수 있는 함의도 작지는 않다. 調整된 自己資本收益率과 달리 株式 投資收益率은 企業收益의 成長 展望과 割引率의 크기를 반영하므로 두 가지 測定値를 비교할 경우 株式市場이 평가하는 割引率에 의해 調整된 企業收益의 成長 展望을 간접적으로 파악할 수 있게 될 것이다.

非金融法人과 銀行의 株式 投資收益率은—財務諸表 接近法에 의해 調整된 自己資本收益率과 마찬가지로—80年代에 모두 높은 편이었지만 90年代에는 모두 낮은 편이었다. 80年代 非金融法人과 銀

行의 株式 投資收益率은 美國과 日本 企業의 것 혹은 會社債 收益率과 비교하더라도 결코 낮은 水準이 아니었다. 하지만 90年代에는 사정이 달라져서 非金融法人과 銀行의 株式 投資收益率 平均이 (-)의 값을 보였으며 특히 銀行의 경우에는 90年 이후 단 한 번도 (+)의 값을 보여주지 못했다.

게다가 80年代 株式 投資收益率은 調整된 自己資本收益率보다 높았으며 90年代 株式 投資收益率은 調整된 自己資本收益率보다 낮았다. 이는 非金融法人과 銀行에게 공통적으로 나타났는데 이 결과는 危險이 調整된 企業收益의 成長 展望을 基準으로 할 때 80年代에는 成長 展望이 밝은 편이었으며 90年代에는 成長 展望이 어두운 편이었다는 것을 의미한다.

또한 株式 投資收益率과 調整된 自己資本收益率을 비교함으로써 銀行의 不實債權 規模가 실제보다 축소되어 왔다는 것을 확인할 수 있었다. 그 근거는 첫째로 全基間에 걸쳐 非金融法人의 株式 投資收益率이 銀行의 것보다 더 높았음에도 불구하고 非金融法人의 調整된 自己資本收益率은 銀行의 것보다 더 낮았기 때문이다. 둘째로 90年代 銀行의 株式 投資收益率은 항상 (-)의 값을 보일 정도로 낮았는데 銀行의 調整된 自己資本收益率은 90年代에도 平均 6.3%나 되었다. 즉 銀行의 調整된 自己資本收益率이 過大評價될 만한 이유가 있었던 것이다. 第3章에서 분석하였던 것과 같이 不實債權의 過小評價 이외에 다른 원인을 찾기는 힘들다.

非金融法人의 株式 投資收益率에 規模의 效果가 있었는지도 검토하였다. 財務諸表 接近法에 의해 調整된 自己資本收益率의 경우 中小企業群이 大企業群에 비해 훨씬 더 높은 편이었지만 株式 投資收

益率의 경우 規模에 따른 差異는 없었다는 것이다. 하지만 大企業群 收益의 成長이 中小企業群의 것보다 더 높았다는 증거는 없으므로 이러한 差異는 割引率의 差異, 즉 危險 프레미엄의 差異에 의해서 설명되어야 할 것으로 보인다. 이는 우리나라의 株式市場에서 大企業群이 中小企業群에 비해 훨씬 더 危險이 작은 것으로, 바꾸어 말하면 훨씬 더 安定的인 것으로 인식되어 왔음을 의미한다.

第1節에서는 株式 投資收益率의 水準과 推移를 살펴보고 이를 財務諸表 接近法에 의해 調整된 自己資本收益率과 비교한다. 第2節에서는 이 작업을 規模에 따라 區分된 企業群別로 시도함으로써 規模에 따른 差異가 있었는지를 검토하고자 한다.

第1節 株式 投資收益率의 推移

株式 投資收益率은 普通株 株主의 收益을 株式市場의 資料로부터 직접 구하여 普通株 市場價値로 나누어 계산한다. 株主의 收益은 크게 配當과 資本利得으로 나누어지는데 우선 配當의 資料는 利益剩餘金 處分 計算書의 普通株 現金 配當 資料에서 직접 구한다. 한편 資本利得은 年末의 普通株 市場價値 總額에서 年初의 普通株 市場價値 總額을 빼 준 값이다. 하지만 이렇게 계산된 값은 新株 發行을 포함하고 있으므로 이 값에서 有償增資는 제외되어야 한다. 有償增資의 資料는 財務狀態變動表와 現金흐름表로부터 직접 구한다. 또

한 普通株 株主의 收益에는 株式 配當도 포함되어야 하는데 이는 年末의 普通株 市場價値 總額과 年初의 普通株 市場價値 總額의 差異—물론 有償增資는 제외되고 나서—에 포함되어 있을 것이다.

株式 投資收益率은 이렇게 계산된 收益을 年初의 普通株 市場價値로 나누어 준 것이다. 한편 여기에서는 年初 普通株 市場價値 對比 投資收益率과 함께 年末의 普通株 市場價値 對比 投資收益率도 제시한다. 이는 年末의 自己資本市價로 나누어 계산되는 自己資本收益率과의 비교를 위한 것이다. 企業은 크게 非金融法人과 銀行으로 區分하고 각각에 대해서 單純平均된 資料를 이용한다. 이와 같이 계산된 株式 投資收益率을 이용하여 우리나라 企業의 自己資本收益率이 보여 왔던 推移와 水準을 살펴보고자 한다.

1.1 非金融法人의 株式 投資收益率

[그림 4.1]은 非金融法人의 株式 投資收益率을 보여주고 있다. 株式 投資收益率로는 年初의 普通株 市價 對比 比率과 年末의 普通株 市價 對比 比率이 함께 제시되어 있으며 비교를 위하여 帳簿價値에 의한 自己資本收益率도 나타나 있다. 특이한 것은 年初 市價 對比 投資收益率이 年末 市價 對比 投資收益率보다 항상 높았다는 점이다. 이는 年末의 株式價格이 配當 權利落日 직전의 것을 이용하였기 때문인 것으로 보인다.[66]

---

66) 配當 權利落日 직전에는 配當 支給에 대한 기대로 인해 株式價格이 상승하고 配當 權利落日 직후에는 株式價格이 配當 支給額만큼 下落하는 것으로 알려져 있다. 하지만 우리나라의 株式價格 資料를 보면

이하에서는 第3章에서 제시된 自己資本收益率과 비교하기 위하여 年末의 普通株 市價 對比 投資收益率만을 언급한다. 우선 株式 投資收益率의 가장 큰 특징은 變動性이 대단히 크다는 점이다. 특히 80年代 중반 이후 變動幅이 크게 확대되었는데 株式 投資收益率이 가장 높았던 87年에는 무려 46.1%에 이르렀고 가장 낮았던 95年에는 -40.5%까지 떨어졌다. 이러한 이유 때문에 株式 投資收益率을 이용할 경우 80年 이후의 비교적 짧은 기간 동안에는 自己資本收益率의 推移를 논의하기 힘든 것이 사실이다.

[표 4.1]을 보면 80~96年의 全基間 平均値를 基準으로 할 때 株式 投資收益率은 帳簿價値에 의한 自己資本收益率보다 높은 편이다. 80~96年의 株式 投資收益率은 平均 10.8%로 帳簿價値에 의한 自己資本收益率의 平均 8.3%보다 높았다. 하지만 이러한 비교 결과는 시기별로 큰 差異를 보인다. 株式 投資收益率의 變動性 때문에 부분 기간을 나누기는 힘들지만 80年代와 90年代로 크게 나누어 볼 때 80年代의 株式 投資收益率은 帳簿價値에 의한 自己資本收益率보다 높았던 반면에 90年代의 株式 投資收益率은 帳簿價値에 의한 自己資本收益率보다 낮았다. 예를 들어 80年代 후반의 株式 投資收益率 平均은 28.5%로 帳簿價値에 의한 自己資本收益率 平均 10.1%보다 엄청나게 높았지만 90年代의 株式 投資收益率은 크게 낮아져서 平均 -4.6%였던 반면에 帳簿價値에 의한 自己資本收益率은 平均 5.9%나 되었다.

配當 權利落日을 基準으로 株式價格이 뚜렷하게 下落하는 현상이 나타나는지는 의문이다. 한편 年初의 普通株 市價 對比 株式 投資收益率과 年末의 普通株 市價 對比 株式 投資收益率의 差異는 株式價格이 상승하는 시기에 훨씬 더 컸다. 이는 株式價格이 상승하는 시기에 新株 發行이 많이 이루어졌다는 것을 의미한다.

非金融法人의 株式 投資收益率이 보여주었던 가장 중요한 첫 번째 특징은 80年代에는 대단히 높았으며 90年代에는 대단히 낮았다는 점이다. 물론 帳簿價値에 의해 계산된 自己資本收益率도 80年代에는 높았고 90年代에는 낮았다. 하지만 정도의 差異는 대단히 큰 편이다. 80年代의 株式 投資收益率은 帳簿價値에 의해 계산된 自己資本收益率보다 훨씬 더 높았고 90年代의 株式 投資收益率은 帳簿價値에 의해 계산된 自己資本收益率보다 훨씬 더 낮았다. 株式 投資收益率이 보여주었던 이러한 특징은 第3章에서 보고된 결과, 즉 80年代 우리나라 非金融法人의 自己資本收益率이 일반적으로 알려진 것보다 훨씬 더 높았으며 90年代의 自己資本收益率은 일반적으로 알려진 것보다 훨씬 더 낮았다는 사실을 재차 확인시켜 주는 것이다. 이 결과는 財務諸表 調整의 方法과 株式 投資收益率을 이용하는 方法이 일치된 결과를 보여주었다는 점에서 주목할 만한 일이다.

물론 부분적으로는 財務諸表 接近法에 의해 調整된 自己資本收益率과 株式 投資收益率이 差異를 보였다. 즉 80~82年의 경우 調整된 自己資本收益率은 1% 이하의 아주 낮은 값을 보였지만 株式 投資收益率은 비교적 높은 편이어서 80年代 전반의 平均은 14.7%나 되었다. 이는 80年代 전반에 株式價格이 완만하지만 꾸준히 상승하였을 뿐만 아니라 配當收益率(dividend-price ratio)도 높았기 때문이다. 한편 80年代 초반 調整된 自己資本收益率이 크게 낮았던 것은 높은 인플레이션으로 인해 減價償却費와 在庫費用이 급증하였기 때문이지만 株式 投資收益率은 비교적 높은 水準에서 안정되어 있었던 것이다.

[그림 4.1] 株式 投資收益率의 推移(非金融法人)

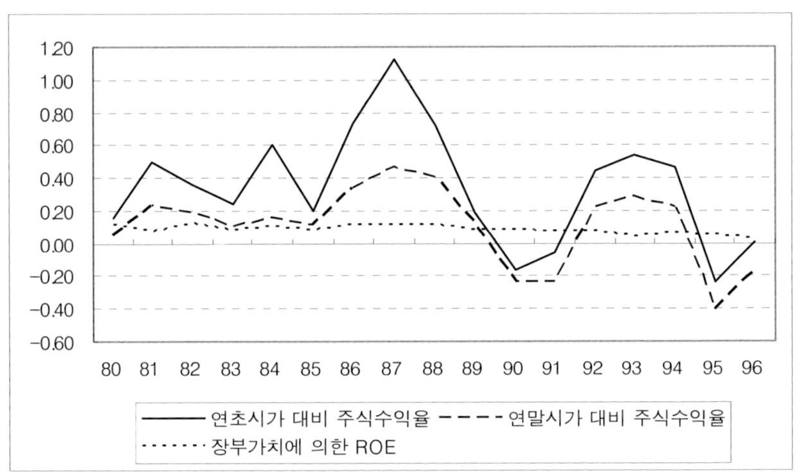

둘째로 80年代 전반까지 비교적 안정되어 있었던 株式 投資收益率은 80年代 중반 이후에 급격하게 變動하기 시작하였다. 예를 들어 80年代 중반 이후에는 株式價格이 급변하면서 株式 投資收益率이 (-)의 값을 보이는 시기가 자주 있었지만 80年代 전반에는 그런 경우가 단 한 번도 없었다. 즉 株式 投資收益率이 가장 낮았던 80年에도 5.2%의 값을 보여주었으며 이후에는 10%를 넘는 비교적 높은 값을 보여주었다.

이는 80年代 전반의 株式 投資收益率이 80年代 중반 이후와 비교할 때 훨씬 더 안정되어 있었다는 것을 의미한다. 즉 80年代 전반의 株式은 80年代 중반 이후에 비해 훨씬 덜 危險한 資産이었다. 바꾸어 말하면 90年代 株式 投資收益率은 80年代의 것에 비해 平均 水準도 더 낮았을 뿐만 아니라 變動性, 결국은 危險도 훨씬 더 컸던 것이다.

[표 4.1] 株式 投資收益率에 의한 ROE(非金融法人)

區分	帳簿價値에 의한 ROE	株式 投資收益率
株式 投資收益率		
80	0.114	0.052
81	0.074	0.231
82	0.125	0.193
83	0.085	0.105
84	0.102	0.152
85	0.084	0.114
86	0.111	0.337
87	0.114	0.461
88	0.111	0.398
89	0.085	0.114
90	0.079	-0.239
91	0.076	-0.233
92	0.069	0.222
93	0.042	0.279
94	0.060	0.224
95	0.055	-0.405
96	0.029	-0.172
期間別 平均		
80~84年	0.100	0.147
85~89年	0.101	0.285
90~96年	0.059	-0.046
全基間	0.083	0.108
두 測定値의 相關係數		
80年代		0.386
90年代		-0.145
全基間		0.469

한편 會社債 收益率과 비교해 볼 때 非金融法人의 年末 普通株 市價 對比 株式 投資收益率은 80年 이후 平均値를 基準으로 할 때 낮은 편이다.67) 80~96年의 會社債 收益率 平均은 15.9%였지만 株式 投資收益率의 平均은 10.8%로 더 낮았고 90年代만을 비교하더라도 會社債 收益率 平均이 14.6%였던 데 비해 非金融法人의 株式 投資收益率 平均은 −4.6%에 불과하였던 것이다.

하지만 株式 投資收益率은 變動性이 심하기 때문에 부분 기간을 어떻게 나누는가에 따라 결과가 많이 달라진다. 예를 들어 80年代만을 비교한다면 우리나라 非金融法人의 株式 投資收益率은 平均 17.4%로 會社債 收益率 平均 17%보다 오히려 더 높은 편이다. 따라서 株式 投資收益率과 會社債 收益率을 비교할 경우 그 水準을 평가한다는 것은 時期 區分에 따라 결과가 달라질 수 있는 문제이지만 이 경우에도 株式 投資收益率이 80年代에는 높은 편이었던 반면에 90年代에는 낮은 편이었다.

또한 80年代 우리나라 非金融法人의 株式 投資收益率은 美國과 日本의 것과 비교할 때 높은 편이었다. French and Poterba(1991)가 推定한 80~90年 平均 利益株價比率이 美國 非金融法人의 경우 8.7%, 日本 非金融法人이 4.7%였던 것에 비하면 우리나라 非金融法人의 같은 기간 동안 株式 投資收益率 平均은 17.4%로 훨씬 더 높은 것이었다. 한편 Ando and Auerbach(1990)은 美國과 日本 非

---

67) 하지만 80~96年 平均値를 基準으로 할 때 年初의 普通株 市價 對比 株式 投資收益率은 會社債 收益率보다 낮지 않았다. 年初의 普通株 市價 對比 株式 投資收益率의 80~96年 平均은 34.2%였고 90年代 平均은 14.2%였다.

金融法人의 株式 投資收益率도 계산한 바 있는데 美國 非金融法人의 80~88年 平均 株式 投資收益率은 14.2%였고 日本 非金融法人의 것은 13.9%였다. 반면에 같은 기간 동안 우리나라 非金融法人의 平均 株式 投資收益率은 22.7%나 되었다.

하지만 90年代 우리나라 非金融法人의 平均 株式 投資收益率이 크게 낮아졌기 때문에 90年代에도 우리나라 非金融法人의 株式 投資收益率이 美國 혹은 日本 非金融法人의 것보다 높았을 것 같지는 않다. 따라서 80年代에는 우리나라 非金融法人의 株式 投資收益率이 美國 혹은 日本 非金融法人의 것보다 높았지만 90年代에는 그렇지 않았을 것으로 보아야 할 것이다.

株式 投資收益率을 測定値로 이용할 경우 우리나라 非金融法人의 自己資本收益率은 일반적으로 알려진 것보다 80年代에는 더 높았으며 90年代에는 더 낮았다. 이러한 결과는 財務諸表 接近法에 의해 調整된 自己資本收益率의 결과와도 일치하는 것이다.

특히 會社債 收益率 등 市場利子率과 비교할 때 그리고 美國과 日本 非金融法人의 株式 投資收益率과 비교할 때 80年代에는 우리나라 非金融法人의 것이 분명히 더 높았다. 하지만 90年代에는 오히려 우리나라 非金融法人의 株式 投資收益率이 아주 낮은 것으로 나타났다. 따라서 어느 測定値를 이용하더라도 80年代 우리나라 非金融法人의 自己資本收益率은 높은 편이었으며 90年代의 自己資本收益率은 아주 낮은 편이었다.

1.2 銀行의 株式 投資收益率

[그림 4.2]를 보면 年初의 普通株 市價 對比 株式 投資收益率과 年末의 普通株 市價 對比 株式 投資收益率이 모두 나타나 있다. 非金融法人의 경우와 마찬가지로 年初의 普通株 市價 對比 比率이 年末의 普通株 市價 對比 比率보다 더 높은 편이다. 80年代 후반에 특히 그 差異가 큰 편이었는데 이는 앞에서도 언급했던 바와 같이 年末의 株式價格이 配當 權利落日 직전의 것을 이용하였기 때문이다. 이하에서는 第3章에서 제시된 自己資本收益率과 비교하기 위하여 年末의 普通株 市價 對比 投資收益率만을 이용한다.

銀行 株式 投資收益率의 推移는 非金融法人의 것과 비슷한 점이 있다. 우선 銀行의 株式 投資收益率도 非金融法人의 것과 마찬가지로 帳簿價値에 의해 계산된 自己資本收益率보다 80年代에는 높았지만 90年代에는 더 낮았다. 銀行의 株式 投資收益率은 80~81年과 86年, 88年에 대단히 높은 水準이어서 80年代에는 平均 15%에 이르렀다. 하지만 90年代 銀行의 株式 投資收益率은 아주 낮은 것이어서 예외 없이 (−)의 값을 보여주었다.

물론 銀行 株式 投資收益率의 推移는 非金融法人의 것과 몇 가지 점에서 差異가 있다. 첫째로 銀行의 株式 投資收益率은 平均値를 基準으로 할 때 非金融法人의 것에 비해 전반적으로 낮은 편이었다. [표 4.3]을 보면 80~96年의 기간 동안 銀行의 平均 株式 投資收益率은 3.8%로 非金融法人의 10.8%보다 훨씬 더 낮은 편이었다. 90年代만을 보더라도 銀行의 平均 株式 投資收益率은 −12%로 非金融法人의 −4.6%보다 훨씬 더 낮다.

둘째로 90年代 非金融法人의 株式 投資收益率은 調整된 自己資本收益率과 마찬가지로 크게 同伴 下落하였지만 銀行의 경우에는 두 測定値의 同伴 下落이 그렇게 뚜렷하지 않았다. 물론 90年代에는 銀行의 調整된 自己資本收益率도 6.3%로 下落하였다. 하지만 같은 기간 동안 銀行의 株式 投資收益率이 -12%로 크게 낮아졌던 것에 비하면 調整된 自己資本收益率의 下落은 그렇게 큰 것이 아니었다. 90年代 銀行의 株式 投資收益率은 대단히 낮은 편이었는데 90年 이후로는 항상 (-)의 값을 보였을 정도로 낮았다. 그럼에도 불구하고 銀行의 調整된 自己資本收益率이 90年代에 6.3%의 平均値를 기록하였다.

바로 이 점 때문에 銀行의 調整된 自己資本收益率이 잘못 測定되었을 가능성이 제기된다. 이미 第3章에서 언급된 바 있지만 銀行의 調整된 自己資本收益率이 잘못 測定되었을 가능성은 不實債權 資料의 不正確性에 있다. 우리나라 銀行의 不實債權 規模가 過小評價되었을 것이라는 사실은 많은 研究에서 지적된 바 있지만 본 研究는 調整된 自己資本收益率과 株式 投資收益率의 괴리를 통해서 다시 한번 이 사실을 확인한 셈이다.

주목할 만한 것은 銀行의 調整된 自己資本收益率과 株式 投資收益率의 괴리가 90年代에 유난히 컸다는 점이다. [표 4.3]에 따르면 80年代 銀行의 株式 投資收益率 平均은 15%로 調整된 自己資本收益率 平均 14.4%보다 조금 높았을 뿐이다.[68] 하지만 90年代 銀行

---

[68] 非金融法人의 80年代 株式 投資收益率 平均은 21.6%로 調整된 自己資本收益率 平均 8.1%보다 훨씬 더 높았다. 따라서 銀行의 80年代 株式 投資收益率이 調整된 自己資本收益率과 비슷한 水準이었다는 사실은 調整된 自己資本收益率이 過大評價되었을 가능성, 즉 不實債權 規

182

의 株式 投資收益率 平均 −12%는 調整된 自己資本收益率의 平均 6.3%보다 무려 18.3%나 더 낮은 水準이다. 따라서 80年代와 비교할 때 90年代 銀行의 調整된 自己資本收益率이 過大하게 測定되었을 가능성은 훨씬 더 높다. 바꾸어 말하면 우리나라 銀行의 不實債權 規模가 過小評價되었다는 것은 80年代 이후로 공통적인 현상이었다고 하더라도 그 정도는 90年代에 훨씬 더 심했다고 보아야 할 것이다.

[그림 4.2] 株式 投資收益率에 의한 ROE(銀行)

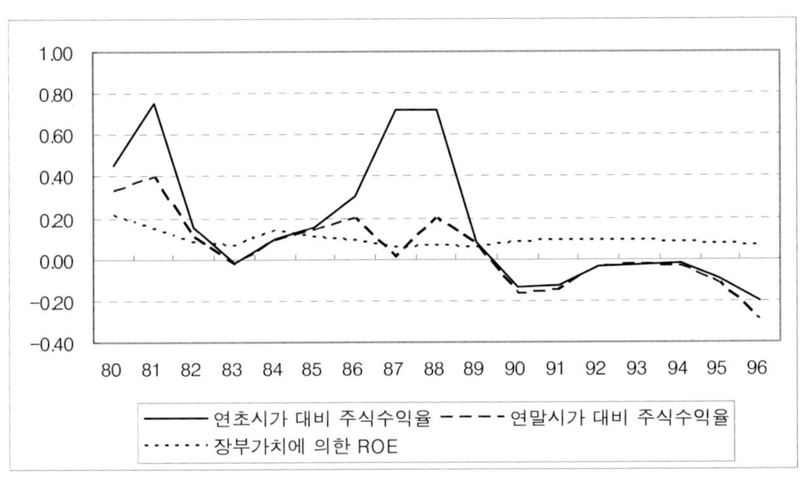

株式 投資收益率은 變動이 큰 편이기 때문에 어떻게 기간을 선택하는가에 따라 平均의 水準이 크게 다르다. 따라서 우리나라 銀行의 株式 投資收益率을 이용하여 國際 比較를 하는 것은 사실 어려운 일이다. 다만 이미 언급한 바 있는 지동현(1997)과 비교하기

模가 過小評價되었을 가능성을 충분히 시사하고 있다.

위해서 같은 標本 期間을 선택하여 결과를 비교하기로 한다. 87~95年의 기간 동안 銀行 全體의 帳簿價値에 의한 自己資本收益率 平均은 5.86%였고 같은 기간 동안 美國 銀行의 自己資本收益率 平均은 10.29%였다.

한편 財務諸表 接近法에 의해 調整된 標本企業의 自己資本收益率―不實債權의 帳簿價値를 그대로 이용하였을 경우―은 같은 기간 동안 平均 9.9%로 美國 銀行의 경우와 큰 差異를 보이지 않았다. 하지만 같은 기간 동안 우리나라 銀行의 株式 投資收益率 平均은 -3.1%에 불과하였다. 85~89年에는 銀行의 株式 投資收益率이 비교적 높은 편이었지만 90年代에는 예외 없이 (-)의 값을 보여왔기 때문이다. 따라서 株式 投資收益率을 測定値로 할 때 이 기간 동안 우리나라 銀行의 自己資本收益率이 낮은 水準이었다는 지적에 대해 이의를 제기하기는 힘들 것이다.

[表 4.2] 株式 投資收益率에 의한 ROE(銀行)

區分	帳簿價値에 의한 ROE	株式 投資收益率
自己資本收益率		
80	0.212	0.332
81	0.144	0.393
82	0.076	0.108
83	0.066	-0.023
84	0.137	0.090
85	0.104	0.136
86	0.088	0.196
87	0.060	0.004
88	0.064	0.199

區分	帳簿價値에 의한 ROE	株式 投資收益率
89	0.055	0.063
90	0.079	−0.169
91	0.088	−0.149
92	0.085	−0.038
93	0.086	−0.030
94	0.083	−0.040
95	0.075	−0.120
96	0.060	−0.296
期間別 平均		
80～84年	0.127	0.180
85～89年	0.074	0.120
90～96年	0.079	−0.120
全基間	0.092	0.038
두 測定値의 相關係數		
80年代		0.716
90年代		0.813
全基間		0.628

1.3 財務諸表 調整에 의한 自己資本收益率 測定値와의 比較

우리나라 企業의 自己資本收益率이 정말로 낮은 것이었는가에 대한 평가는 시기에 따라 다른 것으로 나타났다. 80年代의 自己資本收益率은 産業이나 測定方法에 관계없이 비교적 높은 편이었다. 반면에 90年代의 自己資本收益率은 産業別, 測定方法別로 약간의 差異를 보이고 있지만 이는 財務諸表 資料의 不正確性—銀行의 不

實債權 資料─때문인 것으로 보이며 이를 제거한다면 전체적으로 는 대단히 낮은 편이었다.

우선 시기별로 區分하여 볼 때 80年代 우리나라 企業의 自己資本收益率은 市場利子率 혹은 美國과 日本 企業의 것과 비교할 때 그다지 낮은 水準이 아니었다. [표 4.3]을 보면 80年代의 自己資本收益率은 財務諸表 接近法과 株式 投資收益率 接近法 중 어느 것을 이용하더라도─정도의 差異는 있지만 특히 80年代 중반과 후반에─비교적 높은 편이었을 뿐만 아니라 非金融法人과 銀行 등 산업에 관계없이 모두 높은 편이었다.

90年代의 自己資本收益率은─財務諸表의 資料를 그대로 이용할 경우─測定方法別, 産業別로 差異를 보였던 것으로 나타났다. 非金融法人의 경우 財務諸表 接近法에 의해 調整된 自己資本收益率은 平均 2.6%로 낮은 편이었지만 株式 投資收益率 平均은 그것보다도 더 낮은 -4.6%에 불과하였다. 또한 銀行의 경우 財務諸表 接近法에 의해 調整된 自己資本收益率은 平均 6.3%로 크게 낮지 않았지만 株式 投資收益率은 平均 -12%로 대단히 낮은 편이었다.

하지만 이는 銀行의 不實債權이 過小評價되었기 때문이며 不實債權의 規模가 損益計算書에 보고된 것보다 더 큰 것이었다면 銀行의 調整된 自己資本收益率은 크게 낮아진다. 따라서 [표 4.3]에 따르면 非金融法人과 銀行의 90年代 自己資本收益率은 어느 測定値를 이용하더라도 아주 낮은 편이었다. 오히려 銀行의 株式 投資收益率이 非金融法人의 것과 비교하더라도 상당히 낮은 水準을 보였던 것이 특징적이다.

産業別로 自己資本收益率의 水準을 비교해 보는 것도 의미 있는

186

일이다. 우선 非金融法人의 株式 投資收益率은 銀行의 것보다 더 높았던 것으로 보인다. 80年代 銀行의 平均 株式 投資收益率은 15%였던 반면에 非金融法人의 平均 株式 投資收益率은 21.6%에 이른다. 90年代에도 非金融法人의 株式 投資收益率 平均은 −4.6% 였지만 銀行의 株式 投資收益率 平均은 −12%로 크게 낮았다.

한편 不實債權의 帳簿價値를 그대로 이용한 경우 銀行의 調整된 自己資本收益率은 非金融法人의 것보다 더 높았다. 銀行의 調整된 自己資本收益率이 상대적으로 더 높을 수 있었던 것은 減價償却費, 在庫費用이 없고 退職給與 充當金 轉入額의 比重이 크기 때문이었다. 하지만 이 결과는 株式 投資收益率에 의한 結果와 差異를 보인다. 즉 銀行의 株式 投資收益率은 非金融法人의 것보다 더 낮았던 것이다.

따라서 본 研究는 두 測定値에 의한 結果의 差異로부터 우리나라 銀行의 不實債權이 財務諸表에 過小하게 보고되어 왔다고 판단한다. 실제의 不實債權 規模가 더 큰 것이었다면 銀行의 調整된 自己資本收益率은 크게 낮아질 것이다. [표 4.3]에는 우리나라 銀行의 不實債權이 美國 銀行과 같은 경우와 1.5배 그리고 2배 더 컸을 경우 調整된 自己資本收益率이 나타나 있다. 우리나라 銀行의 不實債權 發生이 美國 銀行의 것보다 1.5배 더 컸을 경우 90年代 銀行의 調整된 自己資本收益率은 非金融法人의 調整된 自己資本收益率과 거의 비슷한 水準이다. 하지만 90年代 銀行의 株式 投資收益率이 非金融法人의 株式 投資收益率에 비해 대단히 낮은 水準이었음을 감안한다면 銀行의 調整된 自己資本收益率도 非金融法人의 調整된 自己資本收益率보다 더 낮아야 하는데 이러한 결과를 얻기 위해서는 우리나라 銀行의 不實債權 발생이 美國 銀行의 것보다 2

배 이상은 되어야 할 것으로 보인다.

測定方法別로 결과를 비교하면 뚜렷한 특징이 있다. 80年代에는 非金融法人과 銀行 모두 財務諸表 接近法에 의해 調整된 自己資本收益率보다 株式 投資收益率의 水準이 더 높은 것으로 나타났다. 하지만 90年代에는 非金融法人과 銀行 모두 財務諸表 接近法에 의해 調整된 自己資本收益率보다 株式 投資收益率보다 더 낮은 것으로 나타났다.

財務諸表 接近法과 달리 株式 投資收益率 接近法은 株式市場의 效率性을 가정한다. 그런데 두 測定値를 비교할 때 주의해야 할 것은 이 가정의 충족과 별개의 문제로 株式 投資收益率이 自己資本收益率과 엄밀하게 區分되는 특징을 가지고 있다는 점이다. 財務諸表 調整에 의한 自己資本收益率과 달리 株式 投資收益率은 첫째로 미래 企業收益의 흐름에 대한 예상을 반영하며, 둘째로 割引率에 의해 좌우된다.

우선 株式 投資收益率의 경우 分子에 포함된 資本利得에는 年末의 株式 市場價値가 포함되어 있다. 年末의 株式 市場價値는 '當該 年度 이후' 企業收益의 흐름에 기초해서 결정되기 때문에 當該 年度의 企業收益이 낮은 것이었다고 하더라도 '當該 年度 이후'부터 企業收益의 흐름이 높아질 것이라고 株式市場이 예상한다면 年末의 株式 市場價値는 커지게 된다. 따라서 資本利得이 커지게 되고 동시에 企業收益도 높아진다. 결국 이 企業의 株式 投資收益率은 當該 年度의 企業收益이 낮았음에도 불구하고 높은 것으로 나타나게 된다. 하지만 財務諸表 接近法에 의해 調整된 自己資本收益率은 그렇지 않다. 調整된 自己資本收益率의 分子에는 오직 當該 年度의 企業收益만이 포함될 뿐이다.

[表 4.3] 自己資本收益率 測定値의 期間別 平均

區分	全基間	80年代	90年代
非金融法人			
調整된 自己資本收益率	0.058	0.081	0.026
株式 投資收益率	0.108	0.216	−0.046
銀行			
調整된 自己資本收益率	0.110	0.144	0.063
調整된 自己資本收益率*	0.098	0.131	0.051
調整된 自己資本收益率**	0.070	0.103	0.022
調整된 自己資本收益率***	0.041	0.074	−0.006
株式 投資收益率	0.038	0.150	−0.120

주) 銀行의 경우 調整된 自己資本收益率은 不實債權의 帳簿價値를 그대로 이용한 경우, 調整된 自己資本收益率*는 우리나라 銀行의 不實債權이 美國 銀行과 같은 경우, 調整된 自己資本收益率**는 우리나라 銀行의 不實債權이 美國 銀行의 1.5배인 경우, 調整된 自己資本收益率***는 우리나라 銀行의 不實債權이 美國 銀行의 2배인 경우.

따라서 當該 年度의 企業收益보다 '當該 年度 이후'의 企業收益 흐름이 더 좋을 것으로 株式市場에 의해 예상된 企業의 경우 株式 投資收益率은 調整된 自己資本收益率보다 더 높을 것이다. 반대로 當該 年度의 企業收益보다 '當該 年度 이후'의 企業收益 흐름이 더 나쁠 것으로 株式市場에 의해 예상된 企業의 경우 株式 投資收益率은 調整된 自己資本收益率보다 더 낮을 것이다. 즉 株式 投資收益率이 調整된 自己資本收益率보다 더 높았던 企業은 企業收益의 成長率이 높을 것이라고 예상되었던 企業이고 株式 投資收益率이 調整된 自己資本收益率보다 더 낮았던 企業은 企業收益의 成長率이 낮을 것이라고 예상되었던 企業이다.

둘째로 調整된 自己資本收益率과 달리 株式 投資收益率은 無危險 利子率과 危險 프레미엄의 합으로 정의되는 割引率을 반영한다. 이는 株式 投資者들이 미래 企業收益의 흐름에 대한 예상치를 할인하여 株式價格을 결정할 때 危險 프레미엄이 포함된 割引率을 이용하기 때문이다. 따라서 企業收益의 흐름이 동일하게 예상되었다고 하더라도 危險이 큰 企業의 株式 投資收益率은 危險이 작은 企業의 것보다 危險 프레미엄이 반영된 만큼 더 높아야 한다. 반면에 財務諸表 接近法에 의해 구한 自己資本收益率이란 危險 프레미엄과는 상관이 없는 槪念이다.

株式 投資收益率은 調整된 自己資本收益率과 달리 미래 企業收益의 흐름에 대한 예상이 割引率에 의해 調整을 거친 후 계산된 收益率이다. 바꾸어 말하면 株式 投資收益率은 割引率에 의해 調整된 企業收益의 成長 展望을 반영한다. 따라서 割引率에 의해 調整된 企業收益의 成長 展望이 良好한[不良한] 企業의 株式 投資收益率은 財務諸表 接近法에 의해 調整된 自己資本收益率보다 더 높아야[낮아야] 할 것이다.

80年代에 우리나라 企業의 株式 投資收益率이 財務諸表 調整에 의한 自己資本收益率보다 더 높았던 것은 株式市場이 割引率에 의해 調整된 企業收益의 成長率을 높게 평가했다는 것을 의미한다.[69] 반

---

69) French and Poterba(1991)은 日本 企業의 株式이 왜 그렇게 높은 것이었는가를 설명하는 데 있어서 成長에 대한 예상이 충분한 설명력을 갖고 있지 못하다는 結論을 내렸다. 하지만 Ando and Auerbach (1990)에 의해 계산된 日本 企業의 株式 投資收益率은 調整된 利益株價比率보다 상대적으로 더 높은 편이었으며 반대로 美國 企業의 株式 投資收益率은 調整된 利益株價比率보다 상대적으로 더 낮은 편이었다.

면에 90年代에 우리나라 企業의 株式 投資收益率이 財務諸表 調整에 의한 自己資本收益率보다 더 낮았던 것은 株式市場이 割引率에 의해 調整된 企業收益의 成長率을 낮게 평가했다는 것을 의미한다. 이러한 결과는 非金融法人에서도 마찬가지였지만 그 정도는 銀行의 경우 훨씬 더 심했다. 즉 銀行의 株式 投資收益率은 90年代에 들어 한번도 (+)의 값을 보이지 못했다. 결국 90年代 銀行의 收益 흐름이 악화될 것이라는 예상은 株式市場에서 상당한 정도로 인식되어 왔던 셈이다.

우리나라 企業의 自己資本收益率이 80年代에는 일반적으로 알려진 것보다 더 높았고 90年代에는 더 낮았다는 사실은 이미 언급한 바 있다. 게다가 두 測定値의 비교를 통해 본 硏究는 다음의 결과를 추가적으로 확인할 수 있었다. 즉 割引率에 의해 調整된 企業收益의 成長 展望을 평가할 때 80年代 우리나라 企業은 成長 展望이 밝은 것으로 인식되었으며 90年代 우리나라 企業은 成長 展望이 어두운 것으로 인식되었다.

第2節 株式 投資收益率에 대한 規模 效果

여기에서는 株式 投資收益率의 水準에 企業의 規模에 따른 差異가 있었는지를 검토한다. 第3章에서와 같이 標本企業을 規模에 따라 3집단으로 分類하고 각 企業群의 單純平均 株式 投資收益率을 비교한다. 分類 基準인 企業의 規模는 資産市價 總額이다. 標本 全 基間의 平均 規模를 基準으로 하여 大企業은 平均 規模가 3천억 원

이상인 69개 企業이고 小企業은 平均 規模가 6백억 원 이하인 60개 企業이며 中企業은 中間 規模의 92개 企業이다. 또한 이하에서 다루는 株式 投資收益率은 모두 年末의 普通株 市價 對比 比率이다.

[표 4.4]를 보면 각 企業群의 株式 投資收益率은 거의 모든 시기에 걸쳐 비슷한 推移와 水準을 보여주었고 差異가 있더라도 일부 시기에 한해서 주로 大企業群과 中小企業群 사이에 있어 왔다. 80~96年 全基間의 平均 株式 投資收益率은 中小企業群이 각각 14.7%와 13.6%로 大企業群의 11.1%보다 더 높은 水準을 보여주었다.

[표 4.4] 株式 投資收益率의 推移(規模別)

區分	大企業	中企業	小企業
株式 投資收益率			
80	0.089	0.142	0.073
81	0.285	0.277	0.242
82	0.137	0.280	0.154
83	0.043	0.192	0.199
84	0.256	0.296	0.249
85	0.146	0.103	0.100
86	0.341	0.321	0.344
87	0.459	0.449	0.434
88	0.373	0.330	0.385
89	0.091	0.129	0.142
90	-0.260	-0.237	-0.219
91	-0.163	-0.114	-0.198
92	0.199	0.255	0.275
93	0.292	0.286	0.256
94	0.150	0.303	0.213
95	-0.233	-0.379	-0.402
96	-0.314	-0.131	0.068

區分	大企業	中企業	小企業
期間別 平均			
80~84年	0.162	0.237	0.183
85~89年	0.282	0.266	0.281
90~96年	−0.047	−0.002	−0.001
全基間	0.111	0.147	0.136
期間別 標準偏差			
80年代	0.141	0.109	0.123
90年代	0.251	0.279	0.271
全基間	0.231	0.229	0.223

하지만 이 정도의 差異가 그다지 유의하다고 볼 수는 없다. 왜냐하면 大企業群과 小企業群間의 이러한 差異는 주로 96年의 大企業群 株式 投資收益率이 −38.2%로 크게 낮았던 반면에 같은 해 小企業群의 株式 投資收益率이 5%나 되었기 때문이다. 96年의 資料를 제외한다면 株式 投資收益率의 規模別 差異는 0.2% 정도에 불과하다.

시기를 80年代와 90年代로 區分하여 보더라도 規模에 따른 差異가 뚜렷한 것은 아니다. 80年代에는 大企業群의 株式 投資收益率 平均이 22.2%로 小企業群의 23.2%보다 조금 낮았을 뿐이다. 또한 90年代에 小企業群의 株式 投資收益率 平均이 −0.1%로 大企業群의 −4.7%보다 높았지만 이것도 이미 언급한 바와 같이 96年의 資料가 특이했기 때문이다.

한편 財務諸表 接近法에 의해 調整된 自己資本收益率과 株式 投資收益率의 관계가 規模別로 어떻게 달랐는가도 흥미로운 일이다.

[表 4.5]를 보면 全基間 平均値를 基準으로 할 때 小企業群의 調整된 自己資本收益率은 7%로 大企業群의 4.1%보다 2배 가까이 더 컸지만 이미 언급한 바와 같이 株式 投資收益率은 規模에 따라 큰 差異를 보이지 않았다. 中小企業群의 調整된 自己資本收益率이 大企業群의 것에 비해 더 높았던 반면에 中小企業群의 株式 投資收益率이 大企業群의 것과 큰 差異를 보이지 않았던 현상은 80年代와 90年代를 區分하여 보더라도 마찬가지였다.

[表 4.5] 株式 投資收益率과 調整된 自己資本收益率의 比較(規模別)

區分	大企業	中企業	小企業
株式 投資收益率			
80年代	0.222	0.252	0.232
90年代	−0.047	−0.002	−0.001
全基間	0.111	0.147	0.136
調整된 自己資本收益率			
80年代	0.068	0.084	0.092
90年代	0.002	0.033	0.039
全基間	0.041	0.063	0.070

이미 앞에서 언급한 바와 같이 株式 投資收益率이 調整된 自己資本收益率보다 더 크다는 것은 株式市場이 割引率에 의해 調整된 企業收益의 成長 展望을 밝은 것으로 인식한다는 것을 의미한다. 따라서 中小企業群의 調整된 自己資本收益率이 大企業群의 것보다 높았음에도 불구하고 中小企業群의 株式 投資收益率이 大企業群의 것과 비슷한 水準이라는 사실은 割引率에 의해 調整된 企業收益의

成長 展望을 基準으로 할 때 中小企業群의 成長 展望이 大企業群의 成長 展望보다 밝은 것으로 인식되지는 않았음을 시사한다. 게다가 大企業群과 中小企業群의 이러한 差異가 80年代와 90年代에 별다른 差異를 보이지 않았다는 사실도 주목할 만하다.

하지만 財務諸表 接近法에 의해 調整된 自己資本收益率은 거의 全基間에 걸쳐 中小企業群이 大企業群보다 더 높았기 때문에 大企業群의 成長 展望이 中小企業群의 것에 비해 더 良好하다고 株式市場이 인식한 것으로 보기는 힘들다. 따라서 위의 결과는 危險 프레미엄의 差異에 의해 설명될 수밖에 없을 것이다. 말하자면 우리나라의 株式市場은 大企業群이 中小企業群에 비해 훨씬 덜 危險한 것으로, 바꾸어 말하면 훨씬 더 安定的인 것으로 인식하였기 때문에 위의 결과가 나온 것으로 볼 수 있다.

第 5 章

自己資本收益率에 관한 實證分析

　　第3章과 第4章에서는 自己資本收益率의 두 가지 測定値, 즉 財務諸表 接近法에 의해 調整된 自己資本收益率과 株式 投資收益率의 測定 結果를 보임으로써 우리나라 非金融法人과 銀行의 실제 自己資本收益率이 어느 水準이었고 어떠한 推移를 보여 왔는가 그리고 資産構成과 인플레이션 등이 自己資本收益率에 대해 어느 정도의 영향을 미쳐 왔는지를 검토하였다.

　　이와 같이 自己資本收益率의 두 가지 測定値를 이용하였던 것은 각각의 測定値가 모두 일정한 장단점과 함께 槪念的인 差異点을 가지고 있기 때문이다. 우선 財務諸表 接近法은 個別 企業의 資産構成과 負債比率, 인플레이션 등에 따른 效果를 區分하여 비교할 수 있다는 점에서 유리한 것임에도 불구하고 흔히 지적되어 온 財務諸表 資料의 信賴性 不足이라는 근본적인 단점을 지니고 있으며 方法論的으로도 부가적인 가정을 많이 이용하는 단점을 지니고 있다. 한편 株式 投資收益率은 미래 企業收益에 대한 예상에 의존하며 危險 프레미엄이 반영되어 있다는 점에서 財務諸表 接近法에 의한 會計的 測定値와는 엄격하게 區分되는 이론적 의미를 가지고 있다. 게다가 실제적으로도 株式 投資收益率은 測定過程의 간명함에도 불구하고 測定値의 變動性이 심할 뿐만 아니라 株式市場의 效率性이 가정되고 있다는 점에서 해석에 많은 어려움이 있는 것이 사실이다.

　　특히 우리나라의 경우 企業收益의 帳簿價値와 市場價値가 큰 괴리를 보이고 있기 때문에 個別企業의 株式 投資收益率이 企業收益의 市場價値를 충분히 반영하지 않는다면 株式 投資收益率과 財務諸表 接近法에 의해 調整된 自己資本收益率은 一貫性을 잃게 될 것

198

이다. 여기에서는 패널回歸分析(panel regression)을 통하여 이 문제의 檢證을 시도한다. 즉 財務諸表 接近法에 의해 調整된 自己資本收益率의 패널資料를 株式 投資收益率의 패널資料에 대해 回歸分析하였을 때 유의한 (＋)의 係數를 얻을 수 있을 것인지 그리고 調整된 自己資本收益率을 이용한 結果가 帳簿價値에 의해 계산된 自己資本收益率을 이용한 結果보다 더 양호한 것인지가 檢證되어야할 것이다. 이를 통하여 株式價格이 企業收益의 帳簿價値가 아니라調整된 市場價値를 반영하여 왔는지가 평가될 수 있을 것이다.

　패널回歸分析의 結果는—약한 것이기는 하지만—株式 投資收益率과 財務諸表 接近法에 의해 調整된 自己資本收益率이 유의한(＋)의 관계를 유지하여 왔다는 것을 보여주고 있다. 특이한 것은全基間과 80年代만을 대상 기간으로 하였을 때 帳簿價値에 의한自己資本收益率도 株式 投資收益率과 유의한 (＋)의 관계를 보여주었다는 점이다. 하지만 90年代를 대상 기간으로 한 패널回歸分析結果는 그렇지 못했다. 90年代에는 帳簿價値에 의한 自己資本收益率이 株式 投資收益率과 유의한 (＋)의 관계를 갖지 못했으며 財務諸表 接近法에 의해 調整된 自己資本收益率만이 株式 投資收益率과 유의한 (＋)의 관계를 가지고 있었다. 물론 이 結果가 그렇게강력한 것은 아니지만 우리나라의 株式市場이 인플레이션과 資産價値의 變動 등 여러 要因들을 반영하여 株式價格을 決定하여 왔음을 알 수 있다. 따라서 株式 投資收益率과 調整된 自己資本收益率의 槪念的인 差異를 신중하게 고려한다면 株式 投資收益率을이용하여 企業의 收益性을 평가한다는 데에는 큰 문제가 없는셈이다.

여기에서 다루고자 하는 또 하나의 문제는 우리나라 非金融法人의 自己資本收益率 決定 要因에 대한 평가이다. 이 문제는 최근의 金融危機와 관련하여 90年代 非金融法人의 收益性 惡化를 설명하고 있다는 점에서 대단히 중요한 의의를 가지고 있다. 이미 第3章에서 언급한 바와 같이 우리나라의 非金融法人은 收益의 상당 부분을 土地와 株式 投資로 벌어 왔다. 특히 그 정도는 規模가 큰 企業일수록 심해서 大企業들은 80年代 후반까지만 하더라도 收益의 대부분을 土地와 株式 投資에 의존하여 왔다. 따라서 土地와 株式 投資에 損失이 발생하였던 90年代에 非金融法人의 收益性이 크게 惡化되었던 것은 당연한 일이다.

물론 90年代 非金融法人의 收益性 惡化는 營業活動收益——第3章에서 정의한 바와 같이 土地와 株式 收益을 제외한 나머지 收益을 의미하는 것이므로 損益計算書의 營業利益 혹은 經常利益과는 다르다——의 減少에도 큰 原因이 있었다. 다만 第3章에서는 營業活動收益의 減少보다 土地와 株式에 대한 損失의 規模가 워낙 큰 것이었기 때문에 90年代 非金融法人의 自己資本收益率 下落이 주로 土地價格과 株式價格의 下落에 기인한 것이었다는 結論을 내렸던 것이다. 게다가 第3章에서는 營業活動收益 減少의 原因이 어떤 것이 있는가에 대한 구체적인 분석이 행해진 것도 아니었다.

따라서 여기에서는 보다 구체적으로 90年代 營業活動收益의 減少 要因이 무엇이었는가에 대한 實證分析을 시도한다. 營業活動收益에 영향을 미칠 주요한 要因으로는 資本生産性의 下落, 單位 勞動費用의 增加, 利子支給 負擔의 增加 등을 다루고자 한다. 아울러 이들 要因의 效果와 土地와 株式 投資가 미쳤던 效果를 비교함으로써 第3章에서 내렸던 結論에 대한 확인 작업을 진행하고자 한다.

이들 5개의 說明變數를 이용한 패널回歸分析의 結果는 90年代 營業活動收益 減少의 주요한 原因이 單位 勞動費用의 增加와 利子 支給 負擔의 增加였으며 資本生産性의 下落은 유의한 설명력이 없음을 보여주고 있다. 그럼에도 불구하고 이들 要因이 自己資本收益率의 下落에 미쳤던 效果는 土地와 株式에 대한 損失보다 크지 못했다. 따라서 90年代 非金融法人의 自己資本收益率 下落, 즉 收益性 惡化의 가장 중요한 要因은 이들이 保有하고 있던 土地와 株式에 대해 收益이 발생하기보다 損失이 발생하였다는 데 있다는 第3章의 結論이 재확인된 셈이다.

이하의 第1節에서는 첫 번째 實證分析, 즉 株式 投資收益率과 調整된 自己資本收益率과의 관계에 대한 패널回歸分析을 시도하며 第2節에서는 自己資本收益率의 여러 決定 要因들에 대한 패널回歸分析을 통하여 어떠한 要因이 90年代 非金融法人의 收益性 惡化를 가장 잘 설명하였는지를 살펴보고자 한다.

第1節　株式 投資收益率과 調整된
自己資本收益率의　關係

　株式市場이 效率的이라면 財務諸表 接近法에 의해 調整된 企業 收益의 흐름은 株式市場의 投資者들에 의해 파악되어 株式價格에 반영되어야 한다. 예를 들어 株式 投資者들은 損益計算書에 보고되는 當期純利益을 액면 그대로 받아들이기보다는 인플레이션에 따른 減價償却費와 在庫費用의 增加, 土地와 金融資産의 價格變動에 따른 資本利得과 資本損失, 그리고 長期負債에 대한 資本利得 혹은 資本損失 등을 合理的으로 평가하여 株式價格을 決定하게 된다. 즉 株式價格은 企業收益의 帳簿價値에 根據해서 決定되기보다 調整된 企業收益에 根據해서 決定된다. 따라서 自己資本收益率의 測定値와 관련하여 말한다면 이는 株式 投資收益率이 帳簿價値에 의해 계산된 自己資本收益率보다 財務諸表 接近法에 의해 調整된 自己資本 收益率과 더 밀접한 관계를 가지고 있어야 한다는 것을 의미한다.

　여기에서는 우선 株式 投資收益率과 自己資本收益率에 대한 두 가지 會計的 測定値―즉 帳簿價値에 의한 自己資本收益率과 財務諸表 接近法에 의해 調整된 自己資本收益率―의 관계를 推定하여 서로 비교함으로써 株式 投資收益率이 調整된 自己資本收益率과 더 밀접한 관계를 가지고 있는지를 檢證하고자 한다. 만약 株式市場이 企業收益의 帳簿價値가 아니라 調整된 市場價値를 반영한다면 株式 投資收益率과 調整된 自己資本收益率은 (＋)의 관계를 가져야 할 뿐만 아니라 株式 投資收益率과 帳簿價値에 의한 自己資

本收益率의 관계보다 더 유의한 것이어야 할 것이다.

물론 이미 언급했던 바와 같이 株式 投資收益率은 自己資本收益率의 會計的 測定値와 엄격하게 區分된다. 즉 株式 投資收益率이 현재의 企業收益만이 아니라 미래의 企業收益에 대한 예상을 반영하고 危險 프레미엄에 의해 調整된다는 점에서 그러하다. 다만 여기에서는 株式 投資收益率과 自己資本收益率의 會計的 測定値의 관계 자체를 근본적으로 다루는 것이 아니라 株式 投資收益率과 두 가지 會計的 測定値의 관계를 서로 비교하는 것이므로 이러한 문제점이 크게 부각되지는 않을 것이다.

株式 投資收益率이 調整된 自己資本收益率과 더 밀접한 관계를 가진다는 가설이 檢證된다면 株式 投資收益率을 自己資本收益率의 測定値로 이용한다는 第4章의 研究方法은 충분한 설득력을 가지게 된다. 즉 株式 投資收益率은 인플레이션과 個別 企業의 資産 構成을 모두 고려하여 企業收益의 市場價値를 반영한 것이므로 企業 活動의 收益性을 평가하는 수단으로서 충분한 實證的 根據를 가지게 된다.

여기에서는 非金融法人만을 대상으로 하여 패널回歸分析을 시도한다. 全基間과 80年代를 대상으로 한 패널回歸分析은 이 기간 동안 資料가 누락되지 않고 제공되는 企業 132개의 資料를 이용하였고 90年代를 대상으로 한 패널回歸分析은 이 기간 동안 資料가 누락되지 않고 제공되는 企業 200개의 資料를 이용하였다.

우선 $Market_{it}$을 i企業의 t기 株式 投資收益率, ROE_{it}를 I企業의 t기 自己資本收益率의 會計的 測定値라고 할 때 回歸分析 模型은 다음의 (5.1)식과 같다. 이 模型은 橫斷面 要素와 時系列 要素

로부터 確率的 效果(random effect)가 있는 것으로 가정하고 있다. 이때 이용되는 自己資本收益率은 帳簿價値에 의한 것과 財務諸表 接近法에 의해 調整된 것을 모두 이용함으로써 어느 測定値가 더 株式 投資收益率과 一致性을 보였는지를 비교하고자 한다.

$$(5.1) \quad Market_{i\,t} = \alpha + \beta\,ROE_{i\,t} + u_{i\,t}, \quad \text{where} \quad u_{i\,t} = \mu_t + \upsilon_i + \varepsilon_{i\,t}$$

[표 5.1]에는 說明變數로 財務諸表 接近法에 의해 調整된 自己資本收益率을 이용한 경우와 帳簿價値에 의한 自己資本收益率을 이용한 경우, 그리고 두 測定値를 모두 이용한 경우의 結果가 제시되어 있다. 이 結果에 따르면 帳簿價値에 의한 自己資本收益率과 調整된 自己資本收益率은 株式 投資收益率을 설명하는 데 있어서 모두 유의한 (+)의 관계를 보여주었다. 또한 財務諸表 接近法에 의해 調整된 自己資本收益率이 帳簿價値에 의한 自己資本收益率보다 양호한 結果를 보여주었지만 그 差異가 큰 것은 아니다.

이러한 結果는 帳簿價値에 의한 自己資本收益率과 調整된 自己資本收益率을 동시에 說明變數로 이용하였을 경우에도 비슷하였다. 두 가지 會計的 測定値를 모두 이용하였던 패널回歸分析3의 結果에 따르면 여전히 두 會計的 測定値는 유의한 (+)의 설명력을 가지고 있으며 다만 調整된 自己資本收益率의 설명력이 상대적으로 조금 더 클 뿐이었다.

[표 5.1] 自己資本收益率에 대한 株式 投資收益率의 패널回歸分析 結果

區分	推定値	
패널回歸分析 1		
상수	0.1222	(14.18)
調整된 ROE	0.1571	(6.36)
R^2	0.1273	
패널回歸分析 2		
상수	0.1281	(15.21)
帳簿價値에 의한 ROE	0.1071	(5.50)
R^2	0.1269	
패널回歸分析 3		
상수	0.1203	(14.20)
調整된 ROE	0.1317	(5.16)
帳簿價値에 의한 ROE	0.0770	(3.85)
R^2	0.1394	

주1) 패널回歸分析1은 說明變數로 調整된 自己資本收益率만을 이용한 경우, 패널回歸分析2는 說明變數로 帳簿價値에 의한 自己資本收益率만을 이용한 경우, 패널回歸分析3은 두 價値를 모두 이용한 경우임.
주2) 괄호 안은 t-value임.

結果的으로 株式 投資收益率을 설명하는 데 있어서 帳簿價値에 의한 自己資本收益率이나 財務諸表 接近法에 의해 調整된 自己資本收益率이 모두 유의한 관계를 보여주었으며 상대적으로 調整된 自己資本收益率이 조금 더 양호한 관계를 보여주었다고 하더라도 그 差異가 그렇게 큰 것은 아니었다. 따라서 株式 投資收益率이 調整된 企業收益의 情報를 반영한다는 가설이 기각되었다고 볼 수는 없지만 그렇다고 해서 株式 投資者들이 인플레이션과 資産價値 變動에 따른 여러 가지 要因들을 충분히 고려하여 投資하여 왔다고 보기도 힘들 것이다.

[표 5.2] 自己資本收益率에 대한 株式 投資收益率의 期間別 패널回歸分析 結果

區分	推定値	
80年代		
패널回歸分析 4		
상수	0.2637	(42.57)
調整된 ROE	0.0612	(3.95)
R^2	0.6668	
패널回歸分析 5		
상수	0.2633	(39.88)
帳簿價値에 의한 ROE	0.0952	(2.75)
R^2	0.6761	
90年代		
패널回歸分析 6		
상수	0.0276	(2.74)
調整된 ROE	0.0591	(4.59)
R^2	0.0271	
패널回歸分析 7		
상수	0.0270	(2.68)
帳簿價値에 의한 ROE	0.0372	(1.89)
R^2	0.0107	

주1) 패널回歸分析4, 6은 說明變數로 調整된 自己資本收益率만을 이용한 경우이고 패널回歸分析5, 7은 說明變數로 帳簿價値에 의한 自己資本收益率만을 이용한 경우임.
주2) 괄호 안은 t-value임.

하지만 對象 期間을 80年代와 90年代로 區分하였을 때 패널回歸 分析의 結果는 差異를 보여주었다. 우선 株式 投資收益率과 自己資 本收益率의 會計的 測定値間의 關係가 시기별로 差異를 보였는지 를 알아보기 위해 標本 期間을 80年代와 90年代로 나누어 패널回 歸分析을 한 結果는 [表 5.2]에 나타나 있다.

우선 80年代에도 두 가지의 會計的 測定値는 모두 株式 投資收 益率과 유의한 (+)의 관계를 보여주었고 유의성의 정도를 비교하 면 오히려 帳簿價値에 의한 自己資本收益率의 설명력이 調整된 自 己資本收益率의 설명력을 능가하였던 것으로 나타나고 있다. 그러 나 90年代에는 結果가 달라졌다. 우선 帳簿價値에 의한 自己資本收 益率의 설명력은 크게 나빠져서 95%의 유의 水準에서 유의하지 않았다. 반면에 調整된 自己資本收益率의 설명력은 별다른 변화가 없이 여전히 유의한 (+)의 값을 보여주었다.

결국 80年代와 90年代를 區分하였을 때에도—물론 90年代에는 結果가 그렇게 강력하지 못했지만—財務諸表 接近法에 의해 調整 된 自己資本收益率이 株式 投資收益率과 보여주었던 유의한 (+) 의 관계는 유지되었다. 반면에 90年代에는 帳簿價値에 의한 自己資 本收益率과 株式 投資收益率이 유의한 관계를 보여주지 못했다. 이 는 80年代 중반 이후 資産價格의 變動이 커지고 企業收益의 帳簿 價値와 市場價値가 큰 괴리를 보이기 시작하였다는 점을 감안한다 면 자연스러운 結果이다.

個別企業의 收益性을 평가하는 데 있어서 株式 投資收益率과 調 整된 自己資本收益率이 一致性을 보였다는 위의 結果는 株式市場의

效率性에 관한 최소한의 根據가 확인되었음을 의미한다. 즉 株式市場이 企業收益의 帳簿價値에 根據해서 株式價格을 決定하기보다는 인플레이션이나 資産價値의 變動 등을 고려해서 合理的으로 企業收益을 계산하고 이에 根據해서 株式價格을 決定하였다고 보아야 할 것이다. 따라서 株式 投資收益率이 調整된 企業收益을 반영하여 왔다는 實證分析 結果는 이 測定値의 槪念的인 差異──미래 企業收益에 대한 예상을 반영하고 危險 프레미엄이 調整되었다는 점에서의 差異──를 신중하게 고려했을 때 個別企業의 收益性을 비교 평가하기 위한 지표로 유효하다는 實證的 根據를 확보한 셈이다.

第2節 自己資本收益率 決定 要因에 대한 實證分析

第3章에서의 論議 結果에 따르면 우리나라의 非金融法人은 收益의 상당 부분을 土地와 株式 投資에 의존하여 왔던 것으로 나타났다. 특히 規模가 큰 企業일수록 그 정도는 훨씬 더 심해서 自己資本收益率이 높았던 80年代의 경우 土地와 株式 投資로 벌어들인 收益은 營業活動으로 벌어들인 收益을 능가하고도 남았다.

土地와 株式 收益에 크게 의존하는 非金融法人의 收益構造는 90年代에도 변화되지 않았다. 하지만 90年代에도 土地와 株式 收益이 높았던 것은 아니었다. 92年 이후에는 土地價格의 下落과 停滯로 인해 土地에 대해 資本損失이 발생하였으며 株式의 경우에는 큰 폭의 價格 騰落을 거듭하면서 93~94年을 제외하면 大規模의 資本

208

損失이 발생하였다. 따라서 土地와 株式 收益에 크게 의존하여 왔던 非金融法人의 收益性이 크게 惡化되었음은 당연한 일이다.

물론 90年代에 들어 營業活動에 따른 收益의 減少가 없었던 것은 아니다. 하지만 이미 第3章에서 살펴보았듯이 營業活動에 따른 收益의 減少보다는 土地와 株式 投資로 인한 損失이 훨씬 더 큰 편이었다. 그렇기 때문에 勞動費用이나 利子負擔의 上昇이 있었다고 하더라도 그것이 90年代 非金融法人의 收益性 惡化에 더 중요한 原因이라고 보지는 않았던 것이다.

다만 第3章에서는 勞動費用과 利子支給을 명시적으로 區分하지 않고 營業活動에 따른 收益에 포함시켜 함께 비교하였으므로 그 效果가 90年代의 收益性 惡化와 어느 정도의 관련이 있는지는 분명하지 않았다. 여기에서는 營業活動收益의 推移를 각 要因別로 세분하여 분석하고 이들의 效果와 土地와 株式 收益의 效果를 명확히 비교하기로 한다.

우선 營業活動收益에 영향을 미칠 要因으로는 附加價値 單位當 勞動費用과 他人資本費用(cost of debt capital), 그리고 資本生産性을 살펴본다. 單位 勞動費用의 測定値로는 附加價値 對比 人件費를 이용하며 資本生産性의 測定値로는 固定資本市價 對比 附加價値를 이용한다.70) 附加價値(value-added)는 '企業經營分析'에 따라 經常

---

70) 이는 이 근(1994)에 따른 것이다. 이 硏究에 따르면 利潤率은 다음과 같이 資本生産性과 單位 勞動費用으로 分解된다.

$$rate\ of\ profit = \frac{profit}{capital} = \frac{(value\ added - labor\ cost)}{capital}$$
$$= \frac{value\ added}{capital} \times \frac{(value\ added - labor\ cost)}{value\ added}$$

利益에 人件費, 純金融費用,71) 支給賃借料, 稅金과 公課, 減價償却費를 더하여 계산한다. 한편 利子 支給의 測定値로 이용되는 他人資本費用은 利子 支給額에서 長期負債에 대한 資本利得을 빼고 法人稅 등에 대해 調整한 다음 負債市價로 나누어 계산된 稅後 他人資本費用이다.72)

[그림 5.1]과 [그림 5.2]는 單位 勞動費用과 資本生產性의 推移를 보여주고 있다. 첫째로 單位 勞動費用은 80年代 전반에 平均 46.4%이었던 것이 80年代 후반에는 平均 47.8%로 上昇하였고 90年代에는 平均 51.4%로 더 높아졌다. 따라서 附加價値 對比 人件費 比率을 基準으로 할 때 勞動費用의 上昇은 80年 이후 지속적으로 이루어져 왔던 것으로 보아야 할 것이다. 하지만 주의해야 할 것은 90年代의 平均 勞動費用이 80年代의 것에 비해 높았다고 하더라도 勞動費用의 上昇은 주로 86~90年에 이루어졌으며 90年代에 들어 勞動費用은 上昇 趨勢를 보이지 않았다는 점이다.

$$= productivity\ of\ capital$$
$$\times (1 - labor\ cost\ per\ value\ added)$$

여기에서의 固定資本에는 土地와 建物, 機械 裝置, 工具와 機具, 備品을 모두 포함한다.

71) 純金融費用은 損益計算書의 支給利子와 割引料, 社債 利子의 합에서 收入利子를 빼 준 값으로 정의된다.

72) 他人資本費用을 測定할 때 分母에 해당되는 負債의 범위는 다소 논란이 있는 문제이다. Copeland and Weston(1992)에 따르면 長期負債와 短期借入金, 支給어음과 함께 外上買入金도 負債에 포함시켜야 한다는 것이지만 여기에서는 他人資本費用의 分子에 外上買入金에 따른 費用이 포함되어 있지 않으므로 일단 外上買入金은 제외하기로 한다.

[그림 5.1] 附加價値 單位當 勞動費用의 推移

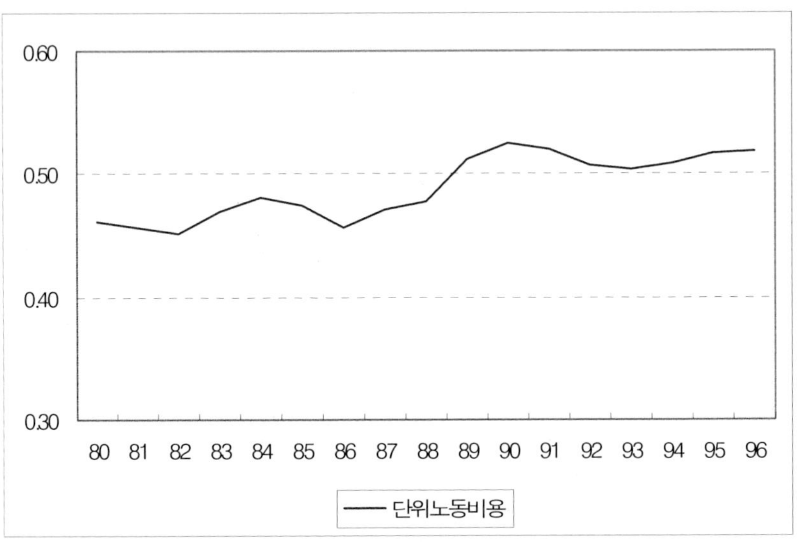

[그림 5.2] 資本生産性의 推移

[그림 5.3] 稅後 他人資本費用의 推移

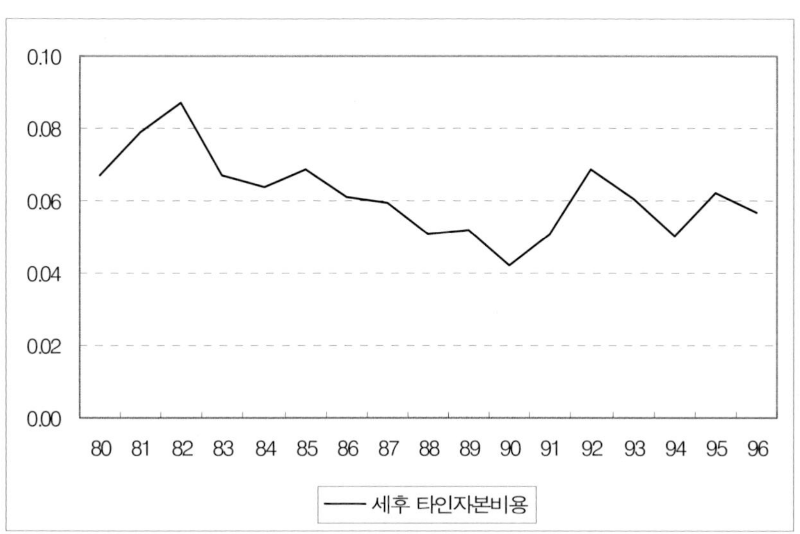

둘째로 90年代 營業活動收益 減少의 原因으로 資本生産性의 下落을 들 수 있을 것이다. 資本生産性의 測定値로는 固定資本市價 對比 附加價値를 이용하고자 하는데 이 比率은 80年代 중반 이후 대단히 뚜렷한 下落 趨勢를 보여주었다. [그림 5.2]에 따르면 固定資本市價 對比 附加價値의 比率은 80年代에 平均 114.7%나 되었지만 88年부터 급격하게 下落하여 90年代에는 平均 95%를 기록하였다. 이 比率은 94~95年에 조금 上昇하여 94年에는 102.6%였지만 96年에는 다시 下落하여 80年 이후 최저치인 84.4%로 낮아졌다. 즉 80年代 중반 이후 資本生産性은 급격하게 下落하였으며 90年代에는 예전의 水準을 회복하지 못하였던 것이다.

셋째로 稅後 他人資本費用은 80年代에 들어 꾸준히 下落하여 왔으며 89年에 가장 낮은 4.24%까지 떨어졌고 이후 다시 높아져서

90年代에는 平均 5.6%를 중심으로 變動하여 왔다. 따라서 80年代 후반과 비교할 때 90年代의 他人資本費用은 더 높아졌다고 보아야 할 것이다. 하지만 他人資本費用의 上昇이 借入金 平均 金利나 會社債 收益率의 上昇에 의한 것은 아니었다. 80年代 중반 이후 借入金 平均 金利나 會社債 收益率은 꾸준히 下落하였고—물론 80年代 후반에 平均 13%대를 유지하던 會社債 收益率이 91年에 19.1%까지 높아졌던 경우도 있었지만 이후 다시 낮아져서 95年에는 11.65%까지 떨어졌다—93年 이후 借入金 平均 金利는 11%대의 낮은 水準을 유지하였다. 따라서 80年代 후반의 낮은 他人資本費用은 이 시기의 높은 인플레이션에 따른 資本利得의 발생에 그 原因이 있었다. 바꾸어 말하면 90年代 稅後 他人資本費用이 80年代 후반에 비해 더 높았다고 하더라도 이는 주로 長期負債에 대한 資本利得의 減少에 原因이 있었다.

결국 80年代와 비교할 때—특히 80年代 중반과 비교할 때—90年代 우리나라의 非金融法人은 勞動費用의 上昇, 資本生産性의 下落, 利子 支給의 負擔 增加로 인해 收益性이 惡化되었을 것이라고 짐작할 수 있다. 다만 이 要因들이 어느 정도로 自己資本收益率에 영향을 미쳐 왔는지가 定量的으로 檢證되어야 할 것이다. 그리고 동시에 이 要因들의 效果가 土地와 株式 保有로 인한 效果와 비교할 때 어느 정도의 중요성을 갖는지가 檢證되어야 할 것이다. 여기에서는 80~96年의 기간 동안 우리나라 非金融法人의 패널資料를 이용하여 이들 要因들의 역할을 比較, 檢證하기로 한다.

實證分析에 이용되는 모든 說明變數는 패널資料이며 說明變數

중에서 單位 勞動費用으로는 附加價値 對比 人件費를 이용하고 資本生産性으로는 固定資本市價 對比 附加價値를 이용한다. 利子 支給의 負擔을 測定하는 說明變數로는 資産市價 對比 負債市價(debt-asset ratio)를 이용하고 土地와 株式 保有가 미치는 效果를 測定하기 위해서 資産市價 對比 土地市價와 株式市價를 說明變數로 이용한다.

標本企業은 80~96年의 기간 중 資料가 누락되지 않고 제공되는 131개의 非金融法人이다. 또한 推定하고자 하는 패널回歸分析 模型은 앞에서 이용되었던 것과 같이 橫斷面 要素와 時系列 要素로부터 確率的 效果(random effect)가 있다고 가정한다. 이를 說明變數와 함께 정리하면 다음의 (5.2)식과 같다.

(5.2)

$$ROE_{it} = \alpha + \beta_1 LaborCost_{it} + \beta_2 PCapital_{it} + \beta_3 DebtAsset_{it}$$
$$+ \beta_4 LandAsset_{it} + \beta_5 StockAsset_{it} + u_{it},$$
$$\text{where} \quad u_{it} = \mu_t + \upsilon_i + \varepsilon_{it}$$

여기에서 ROE_{it}는 財務諸表 接近法에 의해 調整된 自己資本收益率이고 $LaborCost_{it}$는 附加價値 對比 人件費, $PCapital_{it}$는 固定資本市價 對比 附加價値, $DebtAsset_{it}$는 資産市價 對比 負債市價의 比率, $LandAsset_{it}$과 $StockAsset_{it}$은 土地市價와 株式市價의 資産市價 對比 比率이며 모든 변수는 i企業의 t기 資料이다.

單位 勞動費用은 費用의 增加를 초래할 변수이므로 推定係數는

214

(－)의 값을 보여주어야 할 것이며 資本生産性을 의미하는 固定資本市價 對比 附加價値는 당연히 (＋)의 값을 보여주어야 할 것이다. 한편 土地/資産과 株式/資産의 比率은 自己資本收益率을 上昇[혹은 下落]시키는 要因으로 작용할 경우 (＋)의[혹은 (－)의] 推定係數를 보여주어야 할 것이다. 반면에 負債/資産 比率은 企業의 價値를 극대화하도록 合理的으로 決定되는 것이므로 그것이 自己資本收益率에 영향을 미치지는 않아야 할 것으로 보인다.

[表 5.3]은 財務諸表 接近法에 의해 調整된 自己資本收益率을 열거된 說明變數에 대해 패널回歸分析하였을 때의 結果를 보여주고 있다. 表는 全基間을 대상으로 하였을 때와 80年代와 90年代를 區分하였을 때의 結果가 모두 제시되어 있다.

우선 全基間을 대상으로 한 結果에 따르면 單位 勞動費用은 예상했던 바와 같이 유의한 (－)의 係數를 가지고 있으며 資本生産性도 예상했던 바와 같이 유의한 (＋)의 係數를 가지고 있다. 한편 土地/資産의 比率이 유의한 (＋)의 係數를 가지는 것은 土地의 保有가 自己資本收益率을 上昇시키는 要因으로 작용하였음을 의미한다. 반면에 株式/資産의 比率이 유의한 (－)의 係數를 가지는 것은 株式의 保有가 自己資本收益率을 下落시키는 要因으로 작용하였음을 의미한다. 全基間에 걸쳐서 土地/資産 比率과 株式/資産 比率이 自己資本收益率에 유의한 영향을 미쳤다는 結果는 우리나라 非金融法人이 收益의 주요 원천으로 土地와 株式에 크게 의존하여 왔다는 第3章의 주장을 재차 확인하여 주는 것이다.

[표 5.3] 自己資本收益率과 收益의 構成 要素의 패널回歸分析

區分		推定値	
全基間			
	상수	0.2533	(10.95)
	單位 勞動費用	−0.1698	(−11.07)
	資本生産性	0.0127	(4.61)
	負債/資産	−0.1707	(−6.44)
	株式/資産	−0.1880	(−4.72)
	土地/資産	0.1250	(2.69)
	R^2	0.1542	
80年代			
	상수	0.1414	(5.58)
	單位 勞動費用	−0.1298	(−8.19)
	資本生産性	0.0120	(3.86)
	負債/資産	0.0165	(0.57)
	株式/資産	−0.0239	(−0.41)
	土地/資産	0.2633	(5.85)
	R^2	0.3482	
90年代			
	상수	0.4136	(16.18)
	單位 勞動費用	−0.0752	(−4.53)
	資本生産性	0.0025	(1.06)
	負債/資産	−0.3995	(−14.31)
	株式/資産	−0.5672	(−15.76)
	土地/資産	−0.2145	(−5.45)
	R^2	0.3781	

주) 괄호 안은 t-value임.

하지만 이러한 패널回歸分析 結果는 시기별로 뚜렷한 差異를 보여주었다. 우선 80年代를 대상으로 한 結果에 따르면 單位 勞動費

用과 資本生産性의 係數는 예상했던 바와 같이 유의한 (−)의 값과 유의한 (+)의 값을 보여주었지만 負債/資産 比率과 株式/資産 比率의 係數는 유의하지 못했다. 한편 土地/資産 比率의 係數는 유의한 (+)의 값을 보였는데 이는 80年代에 土地 保有가 自己資本 收益率을 上昇시키는 역할을 하였음을 의미한다.

한편 90年代를 대상으로 한 結果는 여러 가지 점에서 80年代의 것과 差異를 보이고 있다. 첫째로 單位 勞動費用의 係數는 여전히 유의한 (−)의 값을 보여주었지만 資本生産性의 係數는 예상과 달리 유의하지 못했다. 둘째로 80年代에 유의하지 못했던 負債/資産 比率과 株式/資産 比率의 係數는 유의한 (−)의 값을 보여주었다. 셋째로 土地/資産 比率이 80年代와는 달리 유의한 (−)의 係數를 가지고 있다는 점이다.

결국 80年代와 90年代를 區分하여 시행된 패널回歸分析의 結果는 우리나라 非金融法人의 自己資本收益率 決定 要因이 80年代와 90年代에 크게 달라졌음을 보여준다. 이러한 변화의 가장 중요한 특징은 土地가 收益性을 개선시키기보다 오히려 收益性을 惡化시키는 要因이 되었다는 점이지만 이외에 營業活動收益의 決定 要因에도 변화가 있었음을 주목해야 한다.

즉 90年代 營業活動收益의 減少는 주로 높은 負債比率과 勞動費用의 上昇에 기인한 것이었다. 특히 負債比率이 自己資本收益率에 미치는 效果의 변화는 주목할 만하다. 80年代에는 負債/資産 比率이 自己資本收益率에 유의한 영향을 미치지 못했던 반면에 90年代에는 收益性 惡化의 가장 큰 要因이 되었던 것이다. 본래 負債比率이란 企業의 價値를 극대화하도록 合理的으로 決定되는 것인 만큼

負債比率이 自己資本收益率에 유의한 영향을 미치지는 않는다. 그럼에도 불구하고 90年代 自己資本收益率이 負債比率에 의해 유의한 (-)의 영향을 받았다는 것은 負債比率이 合理的인 水準보다 더 높아졌다는 것을 의미한다. 요컨대 90年代 우리나라 非金融法人의 資本構造(capital structure)는 企業의 價值를 극대화하는 合理的인 水準을 넘게 되었으며 그것으로 인해 收益性은 크게 惡化되었던 것이다.

한편 附加價值 單位當 勞動費用은 80年代와 마찬가지로 90年代에도 自己資本收益率을 下落시키는 要因으로 작용하였다. 다만 80年代에 비해서 90年代에는 그 效果가 상대적으로 減少하였던 점이 주목할 만하다. 반면에 80年代에 自己資本收益率에 유의한 (+)의 效果를 미쳤던 資本生產性이 90年代에는 유의한 效果를 미치지 못하였다. 즉 90年代 우리나라 非金融法人의 收益性은 資本生產性과는 거의 아무런 관계가 없었다.

그럼에도 불구하고 90年代에 일어난 가장 중요한 변화는 土地와 株式 保有로 인해 自己資本收益率이 下落하였다는 점이다. 위의 패널回歸分析 結果에 따르면 株式/資産 比率은 80年代에 自己資本收益率에 거의 아무런 영향을 미치지 못했지만 90年代에는 유의하게 (-)의 영향을 미쳤다. 또한 80年代 非金融法人의 收益性에 크게 기여하였던 土地/資産 比率은 90年代에 오히려 自己資本收益率 下落의 原因이 되었다. 여기에서 언급해 두어야 할 것은 80年代에 株式/資産 比率이 自己資本收益率에 별다른 영향을 미치지 못하였다는 結果가 80年代 전체를 대상으로 하였기 때문이라는 점이다. 80年代 중반과 후반만을 대상으로 한다면 株式/資産 比率은 自己資

218

本收益率 上昇의 중요한 要因이 된다. 따라서 80年代에, 특히 80年代 중반과 후반에 自己資本收益率 上昇에 크게 기여하였던 土地와 株式이 90年代에 큰 損失을 발생시켰다는 사실은 90年代 非金融法人의 收益性에 가장 決定的인 영향을 미치게 된다.

물론 90年代에 勞動費用의 上昇에 따른 營業活動收益의 減少는 중요한 사실이다. 하지만 그렇다고 해서 土地와 株式에 대한 損失만큼 중요하지는 않았다. 標本企業의 90年代 單位 勞動費用은 平均 0.522였으므로 單位 勞動費用으로 인해 90年代 自己資本收益率은 平均 3.9%만큼 낮아진 것으로 나타났다. 하지만 標本企業의 90年代 株式/資產 比率과 土地/資產 比率의 平均이 각각 0.090과 0.172였으므로 이들로 인한 自己資本收益率 下落의 크기는 각각 5.1%와 3.7%나 되었다. 즉 單位 勞動費用의 上昇으로 인한 收益 減少보다는 土地와 株式 保有로 인해 발생한 損失의 크기가 훨씬 더 컸다.

요약하자면 우선 90年代 非金融法人의 收益性 惡化에는 營業活動收益의 減少와 土地와 株式 保有에 따른 損失이 모두 중요한 역할을 하였다. 營業活動收益의 減少는 주로 單位 勞動費用의 上昇과 利子支給의 負擔 增加에 기인한 것이었지만 資本生產性의 下落은 거의 아무런 관계가 없었다. 80年代와 비교해서 가장 뚜렷한 差異를 보이는 것은 土地와 株式 保有로 인해 收益을 얻기보다 大規模의 損失을 보았다는 점이다. 게다가 土地와 株式에 대한 資本損失의 規模는 대단히 큰 것이었으므로 勞動費用 上昇 등으로 인한 營業活動收益의 減少가 있었다고 하더라도 土地와 株式 保有로 인한 損失의 발생보다 規模가 큰 것은 아니었다.

第6章

結　　論

최근의 金融危機와 관련하여 우리나라 企業의 自己資本收益率에 대한 관심은 그 어느 때보다 높아졌다. 최종적으로는 원화 가치의 폭락이라는 外換危機로 치달았던 작금의 경제 상황이 최근 몇 년 간의 大企業 不渡事態와 그에 따른 金融機關의 不實 惡化에서 비롯되었기 때문일 것이다. 따라서 우리나라 非金融法人과 銀行의 收益性 惡化를 평가할 수 있는 유효한 指標로서 自己資本收益率에 대해 관심이 집중되는 것은 당연한 일이다.

하지만 市場利子率과 비교할 때 혹은 國際 水準과 비교할 때 일반적으로 낮다고 알려져 있는 우리나라 企業의 自己資本收益率에 대해 비판이 제기되어 왔던 것도 사실이다. 즉 우리나라의 경우 공표된 自己資本收益率은 企業活動의 收益性을 정확히 평가하기 위한 指標로서 적합하지 않다는 것이다. 이러한 의문이 제기되는 것은 공표된 自己資本收益率이 財務諸表의 帳簿價値에 의해 계산된 것이기 때문이다. 우리나라와 같이 인플레이션이 높고 企業의 資産構成이 복잡하며 負債比率이 높은 경우에는 財務諸表의 帳簿價値가 市場價値와 큰 괴리를 보이게 마련이므로 帳簿價値에 의해 계산된 自己資本收益率이 收益性 評價를 위한 유효한 수단이 되기 힘들 것이다.

본 研究는 우리나라 企業의 실제 自己資本收益率이 어느 정도의 水準이었으며 그 推移는 어떻게 진행되어 왔는가를 살펴보았다. 이 작업을 통해 우리나라 企業의 自己資本收益率이 주로 어떠한 要因에 의존하여 왔는가를 분석할 수 있었던 점도 중요한 성과였다. 이 작업의 결과는 90年代 우리나라 非金融法人의 收益性 惡化를 설명할 수 있는 유용한 시사점을 제공해 주었던 것이다.

222

본 硏究는 두 가지 서로 다른 方法에 의해 自己資本收益率을 測定하였다. 첫 번째는 個別企業의 財務諸表를 調整하여 이들 調整된 資料로부터 自己資本收益率을 구하는 方法이고 두 번째는 個別企業의 株式 投資收益率을 계산하여 이를 自己資本收益率로 이용하는 方法이다.

財務諸表를 調整하는 方法은 損益計算書 各 項目의 帳簿價值가 市場價值와 괴리되어 있을 경우 이를 調整함으로써 各 項目의 市場價值를 구하는 것으로부터 시작한다. 損益計算書의 各 項目이 市場價值로 調整되고 나면 정의에 따라 自己資本收益率의 測定値를 구하면 된다. 財務諸表 接近法의 경우 調整의 대상이 되는 主要 項目은 減價償却費와 在庫費用(賣出原價), 土地와 金融資産/負債에 대한 資本利得 혹은 資本損失이다.

이 작업에서 특히 중요한 것은 우리나라에만 존재하는 資産再評價制度를 고려해야 한다는 점이다. 資産再評價는 固定資産에 한해 原價가 아니라 市價를 基準으로 財務諸表를 작성하는 제도이므로 이를 고려하지 않는다면 損益計算書 各 項目의 市場價值는 過大推定된다. 그럼에도 불구하고 財務諸表 接近法은 調整過程에서 부가적인 가정을 많이 이용한다는 점에서 그리고 財務諸表 資料가 부정확한 것일 때 잘못된 결과를 가져올 수 있다는 점에서 약점을 가지고 있는 것이 사실이다.

따라서 自己資本收益率 測定의 두 번째 方法으로 株式의 投資收益率을 이용하는 것은 財務諸表 調整에 의한 自己資本收益率의 測定에 단점이 있기 때문이다. 물론 株式 投資收益率은 미래 企業收益에 대한 예상이 반영된다는 점에서 自己資本收益率의 定義와는 槪念的으로 差異가 있다. 게다가 株式 投資收益率은 變動性이 심할 뿐만 아니라 株式市場이 效率的이어야 한다는 가정도 전제되어 있으므로 株式 投資收益率을 自己資本收益率로 해석하는 데에는 신중함이 요구된다. 다만 이 方法을 이용함으로써 財務諸表 接近法에 의해 調整된 自己資本收益率의 단점을 보완―예를 들어 우리나라 銀行은 不實債權의 發生을 過小하게 보고하여 왔을 것으로 추측되었는데 이 문제를 다루는 데 있어서 株式 投資收益率은 유용한 判斷 基準을 제공해 주었다―할 수 있었다.

본 硏究는 個別 企業의 資料를 직접 이용하여 自己資本收益率의 測定値를 구하였다. 標本 기간은 80~96年의 17年間이며 標本 企業은 221개 非金融法人과 14개 銀行이었다. 이 기간 동안 이들 企業의 財務諸表 資料와 株式價格 資料가 모두 이용되었다.

第3章과 第4章은 각각 財務諸表 接近法에 의해 調整된 自己資本收益率과 株式 投資收益率의 測定結果를 보여준다. 각 장은 非金融法人의 경우 規模의 效果를 검토하였으며 특히 第3章에서는 自己資本收益率이 주로 어떠한 要因에 의존하여 왔는가를 살펴보았다. 물론 非金融法人의 自己資本收益率 決定要因에 대해서는 第5章의 패널回歸分析을 통해 다시 檢證을 시도하였다. 여기에서는 크게 非金融法人과 銀行을 區分하여 이상의 결과를 요약하기로 한다.

非金融法人의 경우 80年代의 自己資本收益率은 알려진 것보다 더 높은 편이었지만 90年代에는 알려진 것보다 훨씬 더 낮은 편이었다. 특히 90年代 非金融法人의 自己資本收益率은 아주 낮은 편이어서 財務諸表 接近法에 의해 調整된 自己資本收益率은 平均 2.6%

224

에 불과하였고 株式 投資收益率도 平均 −4.6%에 불과하였다. 90
年代에 帳簿價値에 의해 계산된 自己資本收益率이 平均 5.9%였다
는 점을 감안하면 90年代 우리나라 非金融法人의 收益性은 그만큼
高評價되어 왔던 것이다.

결국 第3章에서의 결과는 帳簿價値에 의해 계산된 自己資本收益
率에 커다란 왜곡이 있다는 것을 확인하여 준다. 이와 같이 공표된
自己資本收益率이 실제의 自己資本收益率과 괴리되었던 이유는 인
플레이션이 높고 非金融法人의 資産 構成이 복잡하며 負債比率이
높았기 때문이다. 특히 인플레이션의 效果는 財務諸表의 거의 모든
項目에서 왜곡이 發生할 수 있는 역할을 하였다. 예를 들어 損益計
算書의 當期純利益과 調整된 企業收益의 差異 중에 가장 큰 比重
을 차지하였던 것은 인플레이션에 따른 減價償却費와 在庫費用의
增加였다. 이외에도 長期負債에 대한 資本利得의 發生, 土地와 長
期金融資産에 대한 資本利得 혹은 資本損失의 發生도 모두 인플레
이션에 따른 效果를 반영하고 있다.

하지만 80年代에 非金融法人의 自己資本收益率이 알려진 것보다
더 높은 편이었으며 90年代에 알려진 것보다 더 낮은 편이었다는
현상을 설명하기 위해서는 土地와 長期金融資産, 특히 株式의 效果
에 주목해야 한다. 土地와 長期金融資産에 대한 資本利得과 資本損
失은 損益計算書에 거의 반영되지 않는다. 하지만 우리나라의 非金
融法人은 土地와 株式을 대단히 많이 保有하고 있기 때문에―土地
와 株式은 資産市價 對比 比率을 基準으로 할 때 80~96年 平均
14.3%와 5.8%를 保有하였고 이 比率은 90年代에 들어 더욱 높아졌
다―土地價格과 株式價格의 變動에 따라 엄청난 資本利得과 資本損

失이 發生하게 된다. 따라서 非金融法人의 경우 80年代 중반과 후반에 自己資本收益率이 높았다고 하더라도 收益의 거의 절반은 土地와 株式 保有로 벌어들인 것이었다.[73]

土地와 株式 投資에 주로 의존하는 收益構造는 특히 規模가 큰 企業일수록 훨씬 더 심했다. 80年代의 경우 規模가 큰 企業의 營業活動收益/自己資本市價는 平均 4.2%로 그다지 높은 것이 아니었다. 하지만 이 시기에 土地와 株式 收益/自己資本市價는 平均 9.2%로 대단히 높은 水準을 보여주었다. 따라서 80年代에 規模가 큰 企業의 自己資本收益率이 높았다고 하더라도 그것이 營業活動에 따른 收益이 양호했기 때문은 아니며 오히려 土地와 株式 保有로 많은 收益을 벌어들였기 때문일 뿐이다. 물론 規模가 작은 企業의 경우에는 조금 다르다. 規模가 작은 企業은 주로 營業活動으로부터 收益을 올렸으며 그 水準도 大企業群보다는 2배 이상이나 더 높았다.

따라서 80年代 중반과 후반에 우리나라 非金融法人의 自己資本收益率이 크게 높았다고 해서 營業活動의 收益性이 개선된 결과라고 판단한다면 그것은 사실과 다른 평가임을 지적하고자 한다. 營業活動收益/自己資本市價는 시기별로 差異가 있었으며 80年代 초반 그리고 90年代와 비교할 때 80年代 중반과 후반에 더 높았던 것이 사실이지만 變動의 크기가 그렇게 큰 것은 아니었다. 요컨대

---

73) 물론 우리나라 非金融法人이 土地와 株式을 많이 保有한 것은 사실이지만 그렇다고 해서 이들 資産이 순수한 投資 目的으로 保有되었다고 단정하기는 힘들다. 본 研究의 目的이 우리나라 企業은 왜 土地와 株式을 많이 保有하였는가를 직접 다루는 것이 아닌 만큼 위의 결과는 우리나라 企業의 收益性이 資産價格의 變動에 크게 의존할 수밖에 없었다는 사실을 확인하는 것으로 이해되어야 할 것이다.

226

80年代 중반과 후반에 非金融法人의 自己資本收益率이 그렇게 높았던 것은 營業活動의 收益性 改善 때문이라기보다는 주로 土地와 株式 保有로 큰 收益을 올릴 수 있었기 때문이다.

이러한 분석 결과는 90年代에도 여전히 유효하다. 90年代에도 우리나라의 非金融法人은 土地와 株式의 保有 規模를 줄이지 않았다. 특히 土地價格과 株式價格이 下落하였던 시기에도 오히려 資産市價 對比로 土地市價와 株式市價의 比重은 增加하고 있었다. 그런데 92年 이후 土地價格은 下落과 停滯를 지속하였으며 90年 이후 株式價格도 일부 시기를 제외하면 큰 폭의 下落을 반복하였기 때문에 土地와 株式을 많이 保有하고 있던 非金融法人이 大規模의 損失을 보았던 것은 당연한 일이었다. 중요한 것은 收益의 主要 源泉이었던 土地와 株式으로부터 收益이 아니라 大規模의 損失이 發生하였다는 점이다. 바로 이 점 때문에 90年代 非金融法人의 收益性은 결정적으로 惡化되었다.

물론 90年代에 非金融法人의 營業活動收益이 減少한 것은 사실이다. 그리고 第5章의 패널回歸分析의 결과에 따르면 90年代 營業活動收益의 減少는 주로 勞動費用의 增加와 利子支給 負擔의 增加에 기인한 것으로 나타나고 있다. 하지만 그 規模가 土地와 株式 保有로 인한 損失의 크기만큼 큰 것은 아니었다. 따라서 90年代 非金融法人의 營業活動收益이 80年代 중반과 후반만큼 유지되었다고 하더라도 土地와 株式 保有로 인한 大規模의 損失 때문에 非金融法人의 自己資本收益率 下落은 피할 수 없는 일이었다.

주목할 만한 것은 土地와 株式 保有로 인한 大規模의 損失 發生이 이미 90年부터 시작되었다는 점이다.[74] 그럼에도 불구하고 非金

融法人의 土地와 株式 保有 規模는 전혀 줄어들지 않았다. 오히려 90年代 내내 增加趨勢에 있었다. 株式은 系列社 關係 維持를 위한 相互出資의 이유로 保有되었기 때문에 規模가 신축적으로 調整되지 않는 특성이 있다. 土地의 경우 왜 保有 規模가 줄어들지 않았는지에 대한 硏究가 더 필요한 것이 사실이지만 어쨌든 土地의 保有 規模도 硬直的이었던 것이 사실이다. 따라서 우리나라의 非金融法人이 土地와 株式 保有 規模를 신축적으로 調整하지 않는 이상 앞으로도 企業의 收益性이 이들 資産의 價格 變動에 좌우될 것이라는 점은 충분히 예상할 수 있는 일이다.

銀行의 경우에도 自己資本收益率의 推移는 非金融法人과 비슷하였다. 즉 80年代의 自己資本收益率은 일반적으로 알려진 것보다 더 높았으며 90年代에는 더 낮은 편이었다. 90年代 銀行의 경우 財務諸表 接近法에 의해 調整된 自己資本收益率은 平均 6.3%였고 株式 投資收益率도 平均 −12%로 아주 낮은 값을 보여주었다. 90年代에 帳簿價値에 의해 계산된 自己資本收益率이 平均 7.9%였다는 점을 감안하면 90年代 우리나라 銀行의 收益性도 그만큼 高評價되어 왔던 것이다.

銀行의 경우에는 減價償却費와 在庫費用이 없기 때문에 非金融法人에 비해서 상대적으로 90年代 財務諸表 接近法에 의해 調整된 自己資本收益率이 높은 것으로 나타났다. 하지만 이 결과를 액면

---

74) 90~91年의 경우 土地에 대해서는 資本利得이 發生하였지만 株式에 대해서는 資本損失이 發生하였고 93~94年의 경우에도 株式에 대해서는 資本利得이 發生하였지만 土地에 대해서는 資本損失이 發生하였다. 따라서 90年代에는 土地와 株式으로 인한 收益을 더할 경우 거의 항상 (−)의 값을 보여주었다.

그대로 받아들이기는 곤란하다. 우리나라 銀行이 不實債權의 發生을 過小評價하였을 것으로 보이기 때문이다.

不實債權의 發生이 過小評價되어 왔을 것이라는 사실은 널리 알려져 있지만 본 硏究는 다음과 같은 이유에서 그 根據를 찾고자 한다. 90年代의 경우 財務諸表 接近法에 의해 調整된 自己資本收益率의 平均은 6.3%로 그다지 낮은 水準이 아니었다. 그럼에도 불구하고 90年代 銀行의 株式 投資收益率은 단 한 번도 (+)의 값을 갖지 못했다. 非金融法人의 株式 投資收益率이 큰 變動을 보이면서도 일부 시기에 (+)의 값을 보였던 것과는 뚜렷하게 對比되는 일이다. 게다가 90年代 銀行의 株式 投資收益率은 水準도 아주 낮은 편이어서 90年代 平均이 -12%에 지나지 않았다. 이 결과는 株式市場이 效率的이라고 가정할 때 財務諸表 接近法에 의해 調整된 自己資本收益率이 高評價될 만한 이유가 있음을 의미한다. 하지만 본 硏究는 不實債權의 發生이 過小評價되었을 것이라는 사실 이외에 다른 원인을 찾기 힘들었다.

第4章에서 계산에 따르면 90年代 銀行의 株式 投資收益率이 平均 -12%였듯이 財務諸表 接近法에 의해 調整된 自己資本收益率도 (-)의 값을 보이기 위해서는 不實債權의 發生이 損益計算書에 보고된 수치—貸損償却—보다 2.5배 정도 되어야 한다. 銀行의 不實債權 發生이 정확하게 공표된 적은 없기 때문에 그 規模를 짐작하기는 힘들지만 90年代 銀行의 株式 投資收益率 平均이 대단히 낮은 水準이었다는 점을 감안하면 不實債權의 發生은 공표된 수치보다 2.5배 이상 되어야 할 것으로 보인다.

이와 같이 우리나라 銀行의 收益性은 不實債權에 의해 좌우되어 왔을 것으로 판단되지만 預貸業務에 따른 收益의 重要性이 간과되어서는 안 된다. 不實債權의 發生을 제외할 때 銀行의 收益性을 지탱해 온 가장 중요한 源泉은 預貸金利差에 따른 收益이다. 일반적으로 공표된 預貸金利差는 帳簿價値에 의해 계산된 것이므로 預受金과 貸出金에 대한 資本利得과 資本損失이 반영되어 있지 않다. 이들을 포함하여 預貸金利差를 계산하면 그 수치는 일반적으로 알려진 것보다 1% 이상 더 높았고 그 差異는 80年代 중반 이후 거의 변화가 없었다. 따라서 銀行 營業活動의 대부분이 預貸業務라는 점을 감안하면 이렇게 높은 預貸金利差는 銀行의 收益性을 지탱해 준 가장 큰 要因이 된다.

또한 銀行의 收益性을 좌우하는 要因으로 有價證券에 대한 投資損益도 중요하다. 80年代 중반 이후에는 株式價格의 變動이 有價證券에 대한 投資損益을 거의 좌우하여 왔으므로 그 變動의 폭은 대단히 큰 편이었다. 따라서 80年代 중반 이후 銀行 自己資本收益率의 變動은 有價證券 投資損益의 變動, 바꾸어 말하면 株式價格의 變動의 영향을 가장 많이 받았다. 하지만 80年代 중반 이후 有價證券 投資損益은 뚜렷한 趨勢를 보이지 않았으므로 90年代 銀行의 收益性 惡化 趨勢를 설명할 수 있는 것은 아니다. 즉 80年代 후반 이후 銀行 收益性의 惡化 趨勢는 不實債權의 發生이 설명하며, 銀行 收益性의 變動은 有價證券 投資損益이 설명한다. 반면에 土地價格 變動의 영향은 非金融法人에 비해 상대적으로 작았다. 銀行의 土地 保有 規模가 그렇게 큰 것은 아니었기 때문이다.

이상은 株式 投資收益率과 財務諸表 接近法에 의해 調整된 自己資本收益率을 모두 이용하였을 때의 결과를 요약한 것이다. 하지만

自己資本收益率의 두 가지 測定値가 우리나라 企業의 收益性 評價를 위한 타당한 指標가 되기 위해서는 약간의 檢證이 필요하다. 즉 이미 언급된 바 있는 두 測定値의 槪念的인 差異에도 불구하고 두 測定値는 個別 企業의 收益性을 평가하는 데 있어서 서로 일치된 결과를 보여주어야 한다.

第5章에서는 이를 檢證하기 위한 패널回歸分析을 시도하였다. 패널回歸分析의 목적은 株式 投資收益率과 財務諸表 接近法에 의해 調整된 自己資本收益率이 유의한 (＋)의 관계를 가지는가, 그리고 이 관계가 帳簿價値에 의해 계산된 自己資本收益率과의 관계보다 더 양호한 것인가를 檢證하는 것이었다. 그 결과에 따르면 첫째로 株式 投資收益率은 調整된 自己資本收益率과 유의한 (＋)의 관계를 보여주었다. 둘째로 80年代에는 株式 投資收益率을 설명하는 데 있어서 帳簿價値에 의한 自己資本收益率이 더 높은 설명력을 보여주었지만 90年代에는 財務諸表 接近法에 의해 調整된 自己資本收益率이 더 높은 설명력을 보여주었다.

하지만 이상의 결과가 그다지 강력한 것은 아니었다. 특히 90년대를 대상으로 한 결과는 80년대를 대상으로 한 결과에 비해 훨씬 약한 것이었다. 따라서 自己資本收益率에 대한 두 가지 測定値가 일치성을 보여주었으며 그 정도는 90年代에 상대적으로 더 강한 것이었다고 하더라도 이에 대해서는 制限的인 해석이 필요하다. 다만 우리나라 企業의 收益性을 평가하기 위한 수단으로서 株式 投資收益率과 調整된 自己資本收益率은 모두 유효한 것이며 두 測定値가 가지고 있는 장단점을 보완하기 위해서 함께 이용되는 것이 더 좋다는 정도로 이해하면 될 것이다.

參 考 文 獻

건설교통부, "지가동향", 각호.

은행감독원, "은행경영통계", 각호.

은행감독원, "자본시장연보", 각호.

증권거래소, "주식", 각호.

증권거래소, "증권시장", 각호.

증권거래소, "SMAT Database", 1996.

한국신용평가, "Kis-Fas Database", 1997.

한국은행, "기업경영분석", 각호.

한국은행, "경제통계연보", 각호.

한국은행, "조사통계월보", 각호.

한국은행, "한국은행의 통계—어제와 오늘", 1995.

김경수, 김우택, 박상수, 장대홍, "한국 상장기업을 위한 토빈 Q의 추정", 한국금융연구원.

김규형, "자금조달이 자본구조와 투자행태에 미치는 영향", 한국금융연구원 연구보고서 1993.

김동원, "시중은행의 금융중개비용 구조와 특성", 한국금융연구원 정책조사 보고서, 1996.

김병연, "우리나라 일반은행의 수익구조: 현황 분석 및 개선방안 모색", 한국금융연구원 KIF 금융 Paper 97-01, 1997.

김선호, "우리나라 은행의 최적 주식투자규모 추정", 금융연구 제10권 1호 및 별책, 1996.

김성민, "우리나라 기업의 자본비용 분석", 한국은행 조사통계월보 7월호, 1991.

김태혁, "시중은행과 지방은행의 수익성과 자금효율성 비교분석", 한국금융연구원, 1994.

남상천, "회계원리", 다산출판사, 1996.

남주하 엮음, "금리 하향안정화 방안", 한국경제연구원, 1997.

남주하, 조장옥, "한국 상장기업의 자본비용 추정과 국제비교", 한국경제연구원, 1996.

박찬일, "부실채권과 금융중개비용", 남주하 엮음, "금리 하향안정화 방안", 1997.

오세민, "재무제표 분석", 한국금융연수원, 1995.

원승연, "은행 규제와 은행의 수익성 및 안정성", 서울대학교 경제학과 박사학위논문, 1996.

유관희, "우리나라 일반은행의 성과분석과 구조조정", 한국금융연구원, 1995.

유시권, "기업회계기준 개정과 법인세법의 개선방향", 한국조세연구원 정책보고서 97-09, 1997.

윤건영, "자본소득세 정책의 투자 유인효과 분석", 재정논집, 1988.

이 근, "한국의 산업구조와 산업정책", 표학길 편, "한국경제의 평가와 전망", 서울대학교 경제연구소 한국경제연구총서1, 1994.

이봉수, 정희택, "자산가격 결정요인의 국제비교", 한국경제연구원, 1996.

정지만, "은행의 생산성 제고와 금리안정화", 남주하 엮음, "금리 하향안정화 방안", 한국경제연구원, 1997.

지동현, "한미양국 은행의 수익성 비교 연구", 한국금융연구원 금융조사자료 97-07, 1997.

한국 공인회계사회, "기업회계기준", 1996.

현진권, "감가상각의 현황과 정책방향", 한국조세연구원 연구보고서, 1994.

현진권, "자산재평가제도의 평가와 개선방향", 한국조세연구원 연구보고서, 1995.

현진권, "유형고정자산의 경제적 감가상각 추정", 한국조세연구원 연구보고서, 1996.

Ando Albert and Alan J. Auerbach, "The corporate costs of capital in Japan and the U.S.: Recent evidence and further results", in John B. Shoven(ed.), *Government policy towards industry in the United States and Japan*, Cambridge University Press, 1988a.

Ando Albert and Alan J. Auerbach, "The cost of capital in the United States and Japan: A comparison", *Journal of the Japanese and International Economies*, 1988b

Ando Albert and Alan J. Auerbach, "The cost of capital in Japan: Recent evidence and further results", *Journal of the Japanese and International Economies*, 1990.

Auerbach Alan J., "Taxation, corporate financial policy and the cost of capital", *Journal of Economic Literature*, 1983a.

Bernanke Ben S., and John Y. Campbell, "Is there a corporate debt crisis?", *Brookings Papers on Economic Activities*, 1988:1.

Bernanke Ben S., John Y. Campbell, and Toni M. Whited, "U.S. corporate leverage: Developments in 1987 and 1988", *Brookings Papers on Economic Activities*, 1990:1.

Berndt Ernst R., and Jack E. Triplett(eds.), *Fifty years of economic*

234

measurement, The University of Chicago Press, 1990.

Brainard, William C., John B. Shoven, and Laurence Weiss, "The financial value of the return to capital", *Brookings Papers on Economic Activities*, 1980:2.

Brainard, William C., Mathew D. Shapiro, and John B. Shoven, "Fundamental value and market value", in Brainard, William C. et al.(eds.), *Money, macroeconomics, and economic policy*, The MIT Press, 1991.

Bulow Jeremy I., and John B. Shoven, "Inflation, corporate profits, and the rate of return to capital", in Robert E. Hall(ed.), *Inflation: Causes and effects*, The University of Chicago Press, 1982.

Coen Robert M., "Alternative measures of capital and its rate of return in the United States manufacturing", in Usher Dan(ed.), *The measure of capital*, The University of Chicago Press, 1980.

Copeland Thomas E., and J. Fred Weston, *Financial theory and corporate policy*, Addison-Wesley Publishing Company, 1992.

Ehrhardt, Michael C., *The search for value-measuring the company's cost of capital*, Harvard business school press, 1994.

Fazzari Steven M., R. Glenn Hubbard and Bruce C. Petersen, "Financing constraints and corporate investment", *Brookings Papers on Economic Activities*, 1988:1.

Feldstein Martin(ed.), *Behavioral simulation methods in tax policy analysis*, The University of Chicago Press, 1983.

French Kenneth R., and James M. Poterba, "Were Japanese stock prices too high?", *Journal of Financial Economics*, 1991.

Friedman Benjamin(ed.), *Corporate capital structures in the United States*, The University of Chicago Press, 1985.

Friedman Benjamin(ed.), *Financing Corporate capital formation*, The University of Chicago Press, 1986.

Fry Maxwell J., *Money, interest, and banking in economic development*, The Johns Hopkins University Press, 1997.

Hall Robert E.(ed.), *Inflation: Causes and effects*, The University of Chicago Press, 1982.

Hoshi Takeo, Anil Kashyap, and David Scharfstein, "Corporate structure, liquidity, and investment: Evidence from Japanese industrial groups", *Quarterly Journal of Economics*, 1991.

Hendershott Patric H., "Debt and equity returns revisited", in Benjamin Friedman(ed.), *Financing Corporate capital formation*, The University of Chicago Press, 1986.

Hulten Charles R., and Frank C. Wykoff, "Economic depreciation and the taxation of structures in the United States manufacturing industries: An empirical analysis", in Usher Dan(ed.), *The measure of capital*, The University of Chicago Press, 1980.

Kaufman George G., and Larry R. Mote, "Is banking a declining industry? A historical perspective", in Rose Peter S.(ed.) *Readings on financial institutions and markets*, Richard D. Irwin Inc., 1995.

Rhee Changyong and Wooheon Rhee, "Fundamental stock price and investment", Working paper 9407, Institute of Economic Research, Seoul National University, 1994.

Rose Peter S.(ed.) *Readings on financial institutions and markets*, Richard D. Irwin Inc., 1995.

Salinger Michael A., and Lawrence H. Summers, "Tax reform and corporate investment: A microeconometric simulation study." in Martin Feldstein(ed.), *Behavioral simulation methods in tax policy analysis*, The University of Chicago Press, 1983.

236

Sharpe William F., and Gordon J. Alexander, *Investments*, Prentice-Hall, 1990.

Shoven John B.(ed.), *Government policy towards industry in the United States and Japan*, Cambridge University Press, 1988.

Shoven John B., and Jeremy I. Bulow, "Inflation accounting and non-financial corporate profits: Physical assets", *Brookings Papers on Economic Activities*, 1975:3.

Shoven John B., and Jeremy I. Bulow, "Inflation accounting and nonfinancial corporate profits: Financial assets and liabilities", *Brookings Papers on Economic Activities*, 1976:1.

Stone Douglas and William T. Ziemba, "Land and stock prices in Japan", *Journal of Economic Perspectives*, 1993.

Summers Lawrence H., "Taxation and corporate investment: A q-theory approach", *Brookings Papers on Economic Activities*, 1981:1.

Taggart jr. Robert A., "Have U.S. corporations grown financially weak?", in Benjamin Friedman(ed.), *Financing Corporate capital formation*, The University of Chicago Press, 1986.

Takagi Shinji, *Japanese capital market*, Basil Blackwell, 1993.

Usher Dan(ed.), *The measure of capital*, The University of Chicago Press, 1980.

Warshawsky Mark J., "Is there a corporate debt crisis? Another look", in R. Glenn Hubbard(ed.), *Financial markets and financial crises*, The University of Chicago Press, 1991.

· 저자 ·

윤종인　**·약　력·**
(尹種仁)　서울대학교 국제경제학과 졸업(학사)
　　　　서울대학교 경제학부 졸업(박사)
　　　　현재 백석대학교 경상학부 교수

·주요논저·
「분산비 검정에 대한 스펙트럴분석」
「인플레이션 및 이자율에 대한 단위근 검정」
「종합주가지수 수익률의 변동성 특성에 관한 실증연구」
「현금배당락에 관한 실증연구, 금융연구」
「고정투자, 금융자산취득과 증권가격의 과다변동」
「유효한계세율의 추이와 변동요인」
「자금조달순위이론과 여유현금흐름가설의 타당성에 관한 실증연구」
『원리로 배우는 주가지수200 선물옵션투자』
외 다수

우리나라 企業의 自己資本收益率

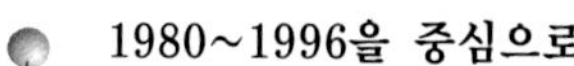
1980~1996을 중심으로

• 초판 인쇄	2008년 6월 10일
• 초판 발행	2008년 6월 10일
• 지 은 이	윤종인
• 펴 낸 이	채종준
• 펴 낸 곳	한국학술정보㈜
	경기도 파주시 교하읍 문발리 513-5
	파주출판문화정보산업단지
	전화　031) 908-3181(대표) · 팩스　031) 908-3189
	홈페이지　http://www.kstudy.com
	e-mail(출판사업부)　publish@kstudy.com
• 등　　록	제일산-115호(2000. 6. 19)
• 가　　격	15,000원

ISBN　978-89-534-7053-8　93320 (Paper Book)
　　　　978-89-534-7054-5　98320 (e-Book)